高校思政教育工作理论创新研究

胡玉萍 狄云丽 张 晶 著

山西出版传媒集团

山西经济出版社

图书在版编目（CIP）数据

高校思政教育工作理论创新研究/胡玉萍, 狄云丽, 张晶著.--太原: 山西经济出版社. 2023.7
ISBN 978-7-5577-1159-7

Ⅰ.①高... Ⅱ.①胡... ②狄... ③张... Ⅲ.①高等学校 - 思想政治教育 - 研究 - 中国Ⅳ.①G641

中国国家版本馆CIP数据核字(2023)第115874号

高校思政教育工作理论创新研究

著　　者：胡玉萍　狄云丽　张　晶
责任编辑：李慧平
装帧设计：万典文化

出 版 者：山西出版传媒集团山西经济出版社
地　　址：太原市建设南路21号
邮　　编：030012
E - mail：　scb@ sxjjcb. com (市场部)
　　　　　　zbs@ sxjjcb. com (总编室)
网　　址：www. sxjjcb. com

经 销 者：山西经济出版社有限责任公司
承 印 者：山西新华印业有限公司

开　　本：787mm×1092mm　1/16
印　　张：11
字　　数：230千字
版　　次：2023 年 07 月第 1 版
印　　次：2024 年 04 月第 1 次印刷
书　　号：ISBN 978-7-5577-1159-7
定　　价：68.00元

PREFACE

　　高校思想政治理论课担负着培养具有较高政治觉悟和道德情操的合格人才的历史重任，是学校对大学生进行系统的思想政治教育的主渠道，无论在高等教育还是成人教育中都具有非常突出的育人作用。我们必须实事求是地对新时代思想政治教育理论进行分析研究，以便有针对性地加强和改进高校思想政治理论课教学工作，提升高校思想政治理论课的教学效果。如今，大数据时代给高校思想政治理论课带来的巨大的冲击和挑战，也给高校思想政治理论课教学带来了新的发展机遇。要抓住机遇、应对挑战，才能更好地发挥高校思想政治理论课教学立德树人的主渠道作用。

　　基于此，本书以"高校思政教育理论与工作探索"为题在内容编排上共设置五章：第一章概括了思想政治教育，主要内容有思想政治教育的价值与目标、人文素养文化融入的理论思考和高校思想政治教育的内涵；第二章分析了高校思想政治工作价值与教育管理，主要内容有精神价值塑造与重建、高校学生思想政治教育与载体以及高校思想政治教育与心理环境研究；第三章研究了高校思想政治工作与素质教育的探索与实践，主要内容有思想政治工作与素质教育的关系、素质教育中的高校思想政治工作、高校思想政治工作与素质教育的基本做法和主要成效、高校思想政治工作与素质教育面临的机遇和挑战以及加强和改进高校思想政治工作实施素质教育；第四章研究了文化软实力视角看高校思想政治教育，主要内容有思想政治教育、文化软实力促进高校思想政治教育的创新、高校思想政治教育是提升文化软实力的重要手段以及传统文化推进思想政治教育创新；第五章讨论了全媒体环境下高校思政教育的创新对策，主要内容有：全媒体环境下高校思政教育的观念与内容创新、全媒体环境下高校思政教育的方式方法创新以及全媒体环境下高校思政教育的模式创新。

在撰写本书的过程中，作者得到了许多专家学者的帮助和指导，参考了大量的学术文献，在此表示真诚的感谢！本书内容系统全面，论述条理清晰、深入浅出。

限于作者水平有不足，加之时间仓促，本书难免存在一些疏漏，在此，恳请同行专家和读者朋友批评指正！

CONTENTS

目　录

第一章 思想政治教育概述

思想政治教育作为一门学科是 20 世纪才出现的，但是古今中外的国家，都有与其阶级意识形态相适应的思想政治教育的理论和实践。因此，对比国内外的思想政治教育发展史，合理地对其进行批判与借鉴，对完善我国思想政治教育学科具有重要意义。

第一节 思想政治教育的价值与目标

一、思想政治教育的价值

思想政治教育的价值，就是思想政治教育对社会的进步和人的发展的效用和意义。思想政治教育的价值主要体现为个体价值和社会价值。

（一）思想政治教育的个体价值

思想政治教育的个体价值是指思想政治教育对个人发展的效用和意义。通常表现在引导政治方向、激发精神动力、塑造个体人格、调控品德行为几个方面。

1. 引导政治方向

所谓引导政治方向，就是运用启发、动员、教育、监督、批评等方式，把人们的思想和行为引导到符合社会发展要求的正确方向上来。当前，我国正处在改革开放以来经济和社会快速发展的社会转型期，不少人的思想观念、价值取向和社会道德标准等与这种巨大变化不相适应，形成了一些模糊乃至错误的认识。因此，我们需要通过思想政治教育，引导人们转变落后、过时、错误的观念，正确认识构建社会主义和谐社会的深刻内涵以及中国共产党为构建社会主义和谐社会所制定的各项政策与方针，从而实现中华民族的伟大复兴。

高校大学生具备积极健康向上的思想基础，大学时代正是他们思想世界变化的重要时期，因此趁他们世界观、人生观、价值观逐渐走向成熟之际，引导他们树立马克思主义的人生观、价值观、世界观以及社会主义荣辱观。人类的进步、祖国的荣辱、人民的忧乐，应当成为大学生心中永不熄灭的火炬；贡献高于索取，拼搏重于享乐，应当成为大学生思想政治教育工作的主旋律。

2. 激发精神动力

所谓激发精神动力，就是运用多种手段，充分调动人们的积极性和创造性，从而实现个体价值，为社会主义现代化建设提供强大的精神动力。思想政治教育对物质生产起着间接作用，而对精神生产起着直接作用，它是丰富和发展人的精神世界的重要手段，对于启发人们的智力和创造力，丰富人们的需求体系和情感世界，从而发展人们的自我意识和创造精神都具有重要的作用。

3. 塑造个体人格

人格是指一个人的品格、品质、思想境界、情操格调、道德水平等。思想政治教育的重要任务，就是塑造个体健全的人格，使社会成员形成崇高丰富的精神境界、健康良好的心理品质。思想政治教育在丰富人的精神需求方面起着导向作用。人格塑造和发展的重要表征是需要的不断丰富，这种丰富包括物质的、精神的和社会的三方面。丰富人的物质需要是物质文明建设的目的，而丰富人的精神需要和社会需要，则是思想政治教育的任务。思想政治教育是丰富人的精神世界的重要方式，它旨在培养高度的政治自觉性和正确的道德观，提升和丰富人的精神世界，发展人的需求体系和选择满足人需求的正确方式，帮助人形成坚定的信念和崇高的理想。

4. 调控品德行为

所谓调控品德行为，就是对人们的思想、品德、行为的规范、调节和控制，它确立思想政治教育方向、目标和行为的正确性，它界定偏离思想政治教育方向、目标的思想品德和行为，它排斥和纠正干扰、冲击思想政治教育方向、目标的思想品德和行为。当代社会具有开放、复杂、多样、变化快的特点，人们的思想、品德、行为也呈现出多层性、多样性、多变性特征。所以，在现今条件下必须强调思想政治教育的规范性，发挥其规范作用。思想政治教育的规范作用既是思想政治教育本身的特性，也是现代社会发展的需要。

（二）思想政治教育的社会价值

思想政治教育的社会价值是指思想政治教育对社会发展的效用和意义。思想政治教育与经济、政治、文化、生态的发展交互作用而呈现出其自身的经济价值、政治价值、文化价值和生态价值。

1. 思想政治教育的经济价值

所谓思想政治教育的经济价值是指思想政治教育所创造的能促进社会经济增长和发展，满足人们物质和精神需要的效应。通过思想政治教育激发人们贯彻并落实科学发展观，从而推动社会经济的全面发展，具体表现在以下几个方面。

（1）思想政治教育是发展生产力的精神动力。因为生产力是经济基础，而思想政治教育是上层建筑，根据上层建筑反作用于经济基础的马克思主义哲学原理，思想政治教育对生产力的发展必然起着积极作用。此外，从思想政治教育与生产力的因素——劳动者的关系看，思想政治教育具备提高人的思想道德素质，促进人的全面发展的功能。思想政治教育本身的作用在于使人们具有良好的思想品质和行为，思想政治教育能激发和调动劳动者的生产积极性和创造性，以促进生产力水平的提高和发展。而且，在变革生产关系的过程中，思想政治教育使劳动者具有坚定的政治信念，使人们认识到变革旧的生产关系，建立新的适应生产力发展的生产关系的必要性，使生产力得到解放和发展。

（2）思想政治教育是经济发展的有力保证。思想政治教育对经济发展起着导向和调节的作用。思想政治教育要紧紧围绕经济建设这个中心来进行。党的十一届三中全会后，党和国家的工作重心转移到经济建设上来，确立了以经济建设为中心的基本路线。1999年《中共中央关于加强和改进思想政治工作的若干意见》指出，思想政治工作必须紧紧围绕经济建设这个中心，就要通过各种切实有效的思想政治工作，形成万众一心抓经济建设的局面，促进生产力的大力发展，这是正确处理和协调各种利益关系、解决这样那样思想问题的根本途径。经济工作中蕴含着大量的思想政治工作，思想政治工作紧紧围绕经济建设这个中心，就要善于把思想政治工作渗透到纷繁复杂的经济活动中去，为经济建设提供精神动力和思想保证。

（3）思想政治教育为经济发展创造精神环境。思想政治教育可以扫除阻碍经济发展的精神方面的障碍，提供一个良好的精神环境。具体地说，思想政治教育可以促使人们全面地、辩证地看待经济发展问题，指导人们用全面、可持续的科学发展观落实经济社会的全面发展。

2. 思想政治教育的政治价值

思想政治教育的政治价值是指维护社会稳定、促进社会发展的作用。今天，在社会主义现代化建设时期要强化思想政治教育的政治功能，就是要系统地对广大青年进行主旋律教育，包括共产主义理想教育，社会主义、爱国主义思想教育，集体主义道德观和各种行为规范的教育等，使其成为社会主义"四有"新人。这样才能使国家政权牢牢掌握在具有坚定的马克思主义信仰的人的手中，具体表现在如下两个方面。

一方面，思想政治教育控制上层建筑，调节社会的精神生产，使本阶级的思想成为社会的主导思想。中国共产党就是通过思想政治教育控制社会上层建筑，从而实现对精神生产的导向和调节作用。

另一方面，思想政治教育促进社会政治稳定和发展。思想政治教育不仅要对受教育对象进行党的路线、方针、政策的灌输，以利于党的路线、方针和政策的贯彻落实，还要积极反馈来自基层群众的意见和建议，为领导决策提供依据。此外，维护社会政治的稳定和发展，还应和社会的其他建设联系起来，如同法制建设有机地结合起来，形成德治与法治统一的功能网络，从而达到维护社会稳定，促进政治发展的目的。

3. 思想政治教育的文化价值

思想政治教育作为社会意识形态的组成部分，其价值与文化密切相关。一是文化是判断思想政治教育价值的参照系，思想政治教育的价值如何，取决于它所处的文化背景。二是人的政治社会化，即人接受思想政治教育，也是接受和适应社会，或者说是接受与消化社会规范和思想政治教育价值观念。具体表现在如下两个方面。

（1）思想政治教育的文化选择功能。思想政治教育对文化的选择，大致包括两个方面：一是肯定性选择，即吸收与思想政治教育同向的积极文化并将其纳入思想政治教育的轨道，使之成为思想政治教育系统的有机组成部分；二是否定性选择，即对与思想政治教育异向的文化的排斥，抵制与清除不良文化对受教育者的侵害，借以使思想政治教育获得正向发展的推动力。目前，我国的思想政治教育一方面不断加强对中华民族传统文化的吸收和改造，另一方面就是对西方文化进行合理地借鉴和改造。

（2）思想政治教育的文化渗透功能。除了社会主义主流文化以外，还有非主流的各种亚文化形态，如企业文化、社区文化、村镇文化、校园文化、军营文化、家庭文化等。思想政治教育作为一个开放的系统，理应批判继承各种亚文化中的合理成分，以促进主流文化的发展。因此，思想政治教育必须在社会主义文化大背景下进行社会主流文化的传播。当前思想政治教育的主旋律就是要大力弘扬社会主义、爱国主义和集体主义思想。思想政治教育应发挥自己的文化渗透功能，将社会主流文化渗透到各种亚文化中去，引导其发展，调节社会文化冲突，创建良好的文化交流、文化吸收、文化融合氛围，进而为促进社会主义文化的大发展、大繁荣服务。

4. 思想政治教育的生态价值

长期以来，人们总是把思想政治教育的价值局限于政治价值、经济价值，片面地认为思想政治教育只是解决人与人之间、人与社会之间的关系问题，没有认识到思想政治教育在时代背景下的新发展、新变化。思想政治教育面临生态环境日益恶化所带来的人类生存的新危机，面临自身发展领域所发生的新变化，必须冲破原有的价值局限，重视其生态价值的创造，这是时代赋予思想政治教育的全新课题。一方面，通过思想政治教育帮助人们树立正确的道德责任感和生态责任感。通过思想政治教育，人类的精神境界不断得到提升，使人们在改造自然过程中克服过度向自然索取以及过度破坏环境的行为，以人类社会的全面、协调可持续发展为根本出发点，处理好人与自然的关系，从而使人类与自然和谐相处。另一方面，帮助人们形成正确的生态意识和生态思维。思想政治教育应该帮助人们形成正确的生态意识和生态思维，认识到人类只是大自然家庭中的一名成员，只有这样，人类的自我实现和幸福感才能得到可持续的保障。

二、思想政治教育的目标及其实施

思想政治教育的目标通常可理解为一段时期内，思想政治教育活动所要达成的预期结果。关于此论述大致分为以下几种：教育部认为思想政治教育目标是指教育者根据社会与人的发展要求，通过思想政治教育活动使受教育者的思想政治品德在一定时期内所要达到的预期结果。张耀灿教授认为思想政治教育目标是在一定时期内实施思想政治教育活动所要达到的预期结果。陈秉公教授认为思想政治教育目标，就是教育者在一定时期内，进行各项思想政治教育工作，在受教育者思想品德、心理素质、人格及行为实践等方面所要达到的预想结果。苏振芳教授认为思想政治教育目标，就是思想政治教育者通过一定时期内在一定条件下所进行的有目的的活动，预期在教育对象的思想和行动上要达到的状态。仓道来教授认为思想政治教育目标，指教育主体期望自己的思想政治教育活动在教育客体的思想品德、政治素养、心理素质以及人格行为等方面所要达到的境界，即一定时期、一定阶段所实施的思想政治教育所要达到的预期结果。通过上面的论述，虽然大家一致认为思想政治教育目标是一段时期内思想政治教育活动所要达到的预期结果，但是在具体的内容上又有些区别，如教育部强调受教育者的"思想政治品德"，而陈秉公、仓道来、苏振芳等在强调受教育者的"思想政治品德"的同时，还强调受教育者的"心理素质和人格行为"等。

（一）思想政治教育目标的确立

1. 思想政治教育目标的确立依据

总的说来，思想政治教育目标的确立是从"社会"和"个体"两个方面来考虑的。教育部认为需要综合考虑以下几个方面来确立教育目标：（1）党和国家的奋斗目标；（2）教育对象的思想政治品德现状和发展需要；（3）历史实践的依据；（4）外部环境和内部条件。外部环境包括政治、经济、文化环境。内部条件包括：①在制定和实现目标中，单位或部门的人力、物力、形象力的条件；②前期目标的完成情况；③本单位领导和群众的思想政治道德素质的基础。

学者张耀灿认为应从以下两个方面来确立思想政治教育目标：（1）适应社会发展需要，要始终服从和服务于党和国家的总的奋斗目标和根本任务；（2）适应人的发展需要，人的发展不仅包括体力和智力的发展，而且包括社会化所必需的思想道德品质的发展。既要考虑受教育者思想道德品质发展的现实状况，又要考虑受教育者思想道德品质发展的未来需要。

学者陈秉公认为确立思想政治教育目标要考虑以下几个因素：（1）社会依据；（2）文化依据；（3）时代依据；（4）身心依据；（5）理论依据。陈教授在阐述"文化依据"和"时代依据"时强调文化和时代在塑造人格中的作用，是适应人的发展需要的。除社会依据外，其他依据都可以归为从"个体"角度考虑的。

学者仓道来认为思想政治教育目标的确立要适应和满足教育对象和社会发展的双重客观需要。适应和满足教育对象的需要的理论依据就是人的全面发展。人的全面发展依赖于人的综合素质的不断提高，人的综合素质包括：（1）思想道德素质；（2）科学文化素质；（3）心理身体素质；（4）审美素质。正好对应德智体美。适应和满足社会发展的需要的现实依据就是全面建设小康社会。

2. 思想政治教育目标的内容

关于思想政治教育目标的内容，明显有两种不同的倾向。一个是着重阐述思想政治教育目标内容的"个体目标"层面，如教育部和陈秉公的观点；另一个是以张耀灿、仓道来为代表的把思想政治教育目标的内容分为"社会目标"和"个体目标"两个层面。

教育部认为，思想政治教育总的目标内容包括：思想素质、政治素质、道德素质、心理素质等方面。细化的目标则是从满足人的发展需要的方面阐述的，也就是"个体目标"。

陈秉公认为思想政治教育目标的内容应包含：（1）培养社会主义思想品德；（2）塑造社会主义理想人；（3）引导积极正确的行为实践。这三个方面的内容也是从思想政治教育在促进人的发展方面的目标来阐述的。

张耀灿认为思想政治教育目标层次结构应包含：（1）个体目标。以培养"四有"新人为思想政治教育目标的总的要求，它包含着不同层次的个体目标：①思想素质，②政治素质，③道德素质，④心理素质。（2）社会目标。具体分为三个方面：①经济目标——生产力中最活跃的因素是人，通过提高生产力中人的素质，促进生产力的发展。②政治目标——维护社会制度和政治稳定，巩固国家政权，促进国家政治生活的发展与进步，在我国还要全面贯彻党的基本路线、方针、政策，加强巩固党的执政地位。③文化目标——促进社会的文化发展，建设与社会经济、政治发展相适应的精神文明，提高全民族的思想道德素质与科学文化素质。

仓道来认为思想政治教育目标的内容应包含：（1）个体目标——社会主义公民人格，即社会主义"四有"新人；（2）社会目标——社会主义政治文明建设。

为什么会出现两种不同倾向的状况呢？从不同的角度理解思想政治教育活动就产生了上述的分歧。比如说，从狭义上把思想政治教育活动理解成学校思想政治教育，强调对受教育者的培养，于是思想政治教育目标就着重地阐述其"个体目标"层面。而从广义上理解思想政治教育活动，不仅突出思想政治教育活动对受教育者的作用，而且强调思想政治教育活动的社会作用，这就会产生"社会目标"和"个体目标"两个层面。

目前，我国高校把思想政治理论课作为思想政治教育的主渠道。思想政治理论课程以理想信念教育为核心，对大学生进行系统的世界观、人生观、价值观教育；以爱国主义为重点，进行弘扬民族精神的教育；以基本道德为基础，进行公民道德教育；以大学生全面发展为目标，进行素质教育。

（二）思想政治教育实施方法与创新

实施思想政治教育目标，是实现思想政治教育目标的实际步骤和重要保证。同时，思想政治教育目标的实施过程也是实行思想政治教育目标管理的过程。研究思想政治教育目标实施的程序和基本要求，是掌握过程规律的前提，并为目标管理和科学方法提供理论基础。思想政治教育目标的实施是一个多层次、多维度、立体型合力的过程。

1. 思想政治教育实施方法

（1）心理咨询法的运用。在高校设心理咨询、心理卫生类机构，这类机构应有固定的编制、经费和正规的工作制度及规划。工作人员必须有心理学或教育学专业硕士学位，并受过专门心理训练，他们应该具有很高的责任感和职业道德。心理咨询人员对大学生进行生活指导、学习指导、心理辅导和就业指导，其服务涵盖课堂、日常生活等各个方面。心理咨询对帮助学生解决认知过程中知与不知的矛盾，消除心理障碍，发挥自身潜力，促进学生思想和心理上的成熟，人格健全等方面起着重要的作用。

（2）大众传媒的推动作用。大众传媒是由人所发明、制造、控制、运用的，是承载、传递社会信息，交流思想感情的一种载体和工具。它改变了人类的生活方式，以特有的方式传播人类思想文化，改变人们的思维方式，重构人们的价值观，推动了教育事业的发展，丰富了大众的文化生活。大众传媒的特点和功能决定了它与思想政治教育有着天然的密切联系。在党的基本路线指引下，掌握实际情况，正确引导舆论，是党的宣传思想战线非常重要的工作。舆论导向正确，人心凝聚，精神振奋；舆论导向失误，后果严重。大众传媒在思想政治教育工作中扮演了重要的角色，因此，应积极推动各种传统的与现代的媒介方式的运用。人们通过报刊、电视、网络等高效率的传播方式可以随时随地了解世界各国发生的有关政治、经济、社会生活等各方面的最新信息，有利于思想政治教育者适时调整教育内容和教育方式，快速准确地传播最新的思想政治信息，塑造正确的舆论导向，从而达到更好的教育效果。另外，大众传媒通过对社会生活中的热点、难点问题进行追踪报道、宣传和深入讨论，帮助民众明辨是非、开阔眼界、转变思想观念。当然，若运用不当，大众传媒也会带来消极影响。比如，大众传媒过分的娱乐功能在一定程度上掩盖了思想政治教育功能，大众传媒尤其是信息网络的发展使外来文化与日俱增，这些都会对思想政治教育形成巨大冲击，也给思想政治教育工作提出了新的难题。

2. 思想政治教育实施方法的创新

思想政治教育实施方法是对思想政治教育理论的发展研究。我们要有纵观国际、国内新形势的战略眼光，结合我国当前实际问题，丰富思想政治教育实施方法的内涵，促进思想政治教育实施方法创新发展。

（1）注重发挥教育客体的主观能动性，避免单向说教，直接灌输。要调动教育客体的主观能动性，就要时刻关注客体自我意识的发展态势，在国际、国内形势下，用发展的眼光去认识和解决新问题，实现思想政治教育方法的有效性和针对性。

当前的全球化不仅仅局限于经济领域，而是向政治、文化等领域扩展。思想政治教育实施方法需要在继承和借鉴我国优秀传统教育方法的同时，对当代的思想政治教育进行现代化的诠释，以适应新时期的新要求。实现思想政治教育方法的创新，要在传统方法与现代方法之间保持适度的平衡，既要用开阔的国际眼界对待思想政治教育，又要适时加以传统方法的灌输，避免文化过激，从中国传统教育的思维视角出发，认识问题并解决问题。

（2）加强马克思主义理论学科建设，提升理论水平，用科学化的思想政治教育指导我们的创新思维。加快马克思主义理论学科建设，在各大高校建立马克思主义学院，在各单位加强马克思主义理论的学习。所谓思想政治教育的科学化，是指思想政治教育要在马克思主义指导下，宣扬科学精神，运用科学理论和规范去揭示、掌握和运用思想政治教育相关规律，以提高思想政治教育工作的实效性。

首先，要加强马克思主义理论学科建设，提升思想政治教育主体的理论水平，掌握思想政治教育客观规律，发挥思想政治教育实效性。其次，思想政治教育实施方法要在创新中实践，在实践中发展，在实践中产生的困惑将推动思想政治教育理论的不断提高。

（3）创新除了要建立在本学科的基础理论上外，同时也要掌握相关或相近的学科知识，甚至借鉴相关或相近学科的理论与实践方法，使思想政治教育更有创新性和感染性。如心理学理论、心理学与教育学的终极目标都是培养为社会主义现代化建设服务的人才，其理论有很多值得借鉴，而在借鉴中知识的碰撞不仅能增强思想政治教育的实用性和实效性，同时更能产生创新思维和灵感，推动思想政治教育方法的发展。

第二节　人文素养文化融入的理论思考

随着经济社会的发展，高校的任务也发生了重大变化。新时期的高校不仅要承担起培养专业人才的使命，更要从人发展的角度承担起培养全面发展的人的任务，这也是教育的本义所在。而人文素养正是"全面发展的人"所应具有的基本素养。一般认为，"人文"是指人类社会的各种文化现象，而人文素养主要是指人的世界观和人生观，内容包括人生的意义、追求、理想、信念、道德、价值等，是人类文化的灵魂，是做人的基本准则。

当前，由于高等教育普及化时代的到来，随着大学办学开放化加强而出现的社会文化中的不利因素的影响，以及教师、高校管理者对大学生人文素质培养的重视程度不够等原因，当前大学生人文素养状况不容乐观。在一次针对高师院校理科学生进行的人文素养情况调查中，高师院校理科学生人文素养得分40.15，得分率65.25%，处于中等偏下水平。其中，人文科学知识得分12.74，得分率53.08%；对人文现象的态度得分13.90，得分率77.22%；对人文现象的预期行为得分13.50，得分率75.00%。从结果可以看出，对人文现象的态度是得分率最高的，而人文科学知识的得分率是最低的。这反映出高师院校理科学生的人文科学知识相当缺乏，也在一定程度上影响了其对人文现象的理解和行为预期。不只理科学生，就大学生整体情况看，普遍存在着人文基础知识缺乏、人格境界有待提高、心理素质不够健康稳定、人生观价值观偏离等现象。

从学校教育、人文氛围的营造方面，可通过加强校园文化建设、优化学校教学课程设置、打造校园精品人文活动、积极发挥学生社团的载体作用、加强校园网络建设等途径，提升大学生的人文素养。在本质上，高校学生人文素养教育与大学文化建设工作是相辅相成的，提升学生人文素养的过程与大学文化建设在行为主体和环境营造方面具有极高的重叠性和互补性。提升学生人文素养的过程，也就是梳理和树立一所大学所具有的精神和理念的过程。大学文化的形成和变化反过来也深刻影响着学生人文素养教育的实施过程和效果。下面笔者将以校园文化建设的"例行重大文化活动"视角为例，探讨如何提升大学生的人文素养。

何谓大学"例行重大文化活动"？也许我们都已经习惯了在教师节为师长送上一束鲜花和祝福，习惯了在逢五和逢十的建校周年纪念日举行庆祝活动，更习惯了端午的粽子、中秋的月饼……大学"例行重大文化活动"，本文即指在大学师生中具有重要教育意义和引导功能，或者具有深刻文化内涵的，每年或逢整数周年的固定日期都会例行的重大文化活动。如元旦、清明节、端午节、青年节、七一党的生日、教师节、中秋节、国庆节、春节等节日的庆祝活动，以及校庆等学校节日活动，纪念"九一八事变""七七事变"等历史事件类纪念活动，在学校历史上有重要影响并已去世的著名学者、学校管理者的诞辰纪念日、逝世周年纪念日等学校重要历史人物纪念活动，毕业典礼、开学典礼、学位授予仪式等典礼仪式类活动。

这些例行重大文化活动，蕴含着中华民族的优秀文化传统，体现着中国革命发展的艰辛历程，也体现着一所大学所具有的文化底蕴。充分发掘其文化内涵，发挥其教育意义和引导功能，对于丰富大学文化内涵，提高学生培养质量，进而提高学校的"软实力"，发挥大学传承文化、创造文化、传播文化的功能具有重大意义。

但是这些本应在大学发挥重要作用的例行重大文化活动，却面临着这样尴尬的境况：端午节、中秋节等传统节日的庆祝活动变成了吃吃喝喝，不仅其文化内涵没有被充分发掘，反而使其陷入了庸俗化；"九一八事变"等历史事件的纪念活动，甚至变成了校园中可有可无的活动；对学校重要历史人物的纪念活动也变成了"想起来就搞，忘了就拉倒"，具有很大的随意性；另外一些活动如庆祝教师节、青年节，校庆等活动其中蕴含的教育意义也没有充分发掘，使活动在形式上和内容上具有盲目性、无组织性。这些活动本身的功能更是没有得到充分发挥。

基于以上认识，我们认为应该对大学例行重大文化活动进行制度化、规范化建设。制度是保证一个组织健康、有序发展的最重要保证。在一所大学的制度体系中，不仅包括关于人事、财务、管理等方面的"硬制度"，也应该包括关于文化、历史等方面的"软制度"。对大学例行重大文化活动进行制度化、规范化建设，无疑是旨在提高学校"软实力"的"软制度"建设。"软制度"建设对于保证这些活动的举办并发挥其基本功能，完善学校的制度建设，推动学校发展具有重要意义。

通过制度规范活动的基本内容。如在青年节、七一党的生日、国庆节，以及各类历史事件纪念日举办爱国、坚定共产主义信仰等主题活动，在教师节举办尊师重教类主题活动，在相关传统节日举办弘扬优秀民族文化类主题活动，在校庆纪念日、历史名人纪念日，以及有关典礼仪式上开展相关大学精神、大学文化类的主题活动。当然，对活动基本内容进行规范只是为了确保活动的开展，而绝不是对创新活动内容的限制。

通过制度规范活动的规模及组织级别。对活动规模及组织级别的规范旨在保证活动影响范围，明确活动组织责任。在中国现行的大学体制中，一般都实行校院（系）两级管理体制，院（系）下又包含若干专业、班级。有些例行重大文化活动需要全校参与，由学校层面组织开展，如校庆活动等；有些活动则以学院、班级为单位能达到最佳效果，如传统节日庆祝活动、教师节相关活动，以及历史事件纪念活动等；有些活动需要在校院（系）两层面同时开展，如纪念历史名人活动等。

通过制度规范活动的参与者。不同的例行重大文化活动因主题、内容不同，需要不同的群体参与。如七一党的生日要以党员为主体，积极吸引非党员教师、学生参加；教师节需要教师和学生共同参与；青年节要以青年学生为主体……这些例行重大文化活动本身就具有重大的教育意义，是大学培养人必不可少的重要内容。因此，规范活动参与者、保证参与群体是学校实现教育目标的一种必要手段。

为保证活动达到理想效果，我们在对其进行制度化、规范化建设过程中还应秉持如下原则：鼓励对活动内容进行精心设计，鼓励对活动形式进行新颖包装，鼓励对活动创意进行创新性打造。目前大学例行重大文化活动之所以面临尴尬境况，一方面是因为有关部门对活动本身具有的重要意义没有充分认识，另一方面是因为活动本身缺乏吸引力，不能吸引广大师生积极参与。但过犹不及，我们鼓励通过例行重大文化活动来实现教育、传承文化的目的，但并不是要变活动为"运动"。因此，在进行制度化、规范化建设过程中要充分考虑到校本因素，对一些活动进行重点策划，使之形成品牌效应。如对于师范大学来说，要着重加强对教师节相关活动的策划。

当前，在整个高等教育界都在注重大学文化建设的背景下，大学例行重大文化活动作为大学文化建设工作的重要内容和载体，对其进行制度化、规范化建设，充分发挥其在大学文化建设中的作用，是我们当前亟待解决的一个问题。

大学"例行重大文化活动"是对大学生进行人文素养文化融入的重要途径。但在大学的运行发展中，可谓每一环节、每一活动都是文化行为，对大学生人文素养的培养，也应体现在文化建设的每一环节中，尤其是学生能够积极参与的校园文化活动。

20 世纪 90 年代初以来，笔者在东北师范大学团委、党委宣传部工作期间，曾组织开展了一系列在师生中颇有影响力的校园文化活动。这些活动对于提高学生人文素养起到了很好的促进作用。

第三节　高校思想政治教育的内涵

加强和改进高校思想政治教育，首先要把握高校思想政治教育的基本内涵。内涵搞清了，在具体实践中，高校思想政治教育才能有的放矢。在本节，我们将在对高校思想政治教育的基本内涵进行界定的基础上，深入探讨其社会内涵、个体发展内涵以及其他一些延伸性内涵。

一、高校思想政治教育的基本内涵

高校思想政治教育的内涵反映高校思想政治教育这一教育实践活动的本质属性。这一本质属性具有相对稳定性，但也随着高校思想政治教育的社会环境、任务、目标的变化而不断发展。前者体现为高校思想政治教育内涵的继承性，后两者体现为高校思想政治教育内涵的创新性。

（一）高校思想政治教育的内涵

在《现代汉语词典》中，内涵是指"一个概念所反映的事物的本质属性的总和，也就是概念的内容"。按照内涵的这一定义，高校思想政治教育的内涵就应当是"高校思想政治教育"这一概念所反映的事物的本质属性的总和，即"高校思想政治教育"这一概念的内容。在实践中，高校思想政治教育主要是高校思想政治工作者利用一定的思想观念、政治观点、道德规范，对大学生施加有目的、有计划、有组织的影响，使他们形成符合中国特色社会主义所需要的思想品德的教育实践活动。因此，高校思想政治教育的基本内涵是指最能反映这一教育实践活动本质属性的主要内容。

在哲学中，所谓事物的本质属性，是指事物固有的、决定事物性质、面貌和发展的根本属性。由此出发，高校思想政治教育的本质属性也应当是高校思想政治教育固有的，决定其性质、面貌和发展的质的规定性。因此，这种本质属性应包括两个方面：

第一，本质属性应贯穿高校思想政治教育活动的始终，是高校思想政治教育活动中最普遍最一般的固有属性且规定和影响其他派生属性（非本质属性）；第二，本质属性应该是高校思想政治教育变化发展的根据。根据这两个方面，笔者认为高校思想政治教育的本质属性应为政治性与科学性的有机统一。政治性是高校思想政治教育的阶级属性。如果没有表示阶级意志的政治性，不能维护统治阶级的有效统治，那么高校思想政治教育就不可能存在，更不可能发展，因此政治性是贯穿高校思想政治教育始终的一个特有属性。科学性是高校思想政治教育的客观实践属性。如果不反映客观事物的本质和历史发展的趋势，不能最终促进社会生产力的发展，不代表最广大人民群众的根本利益，高校思想政治教育就不能得到发展，当然也不能长久的存在，因此科学性是高校思想政治教育本身得以发展的内在规定性。

综上所述，要完整准确地认识高校思想政治教育的本质，就必须坚持高校思想政治教育政治性与科学性在理论与实践上的有机统一。在这一问题上，目前存在着两种不良倾向：一种倾向是强调高校思想政治教育的政治性，而偏离高校思想政治教育的科学性，从而使高校思想政治教育变得空洞与说教，表现为泛政治化，就形势而追踪形势，就热点而炒作热点，缺乏系统的科学理论支撑。这种倾向在一定程度上使高校思想政治教育的效果一击就垮。另一种倾向是强调高校思想政治教育的科学性，否定高校思想政治教育的政治性，从而使高校思想政治教育变得盲目。例如，在实践中，一些高校的"法律基础"课上成"法学概论"课。高校思想政治教育丧失政治性，就意味着主动放弃意识形态领域的主导权，后果将是不击自垮。因此，深化对高校思想政治教育本质属性的认识，是当前提高高校思想政治教育有效性、加强高校思想政治教育学科建设的当务之急。

（二）高校思想政治教育内涵的继承性

伽达默尔认为，所有的概念都不是固定不变的，其意义必定随着时间推移在阐释者的实践理解中发生变化。因此语言概念的意义只能在不间断的交流或对话中得到澄清，阐释者只能通过不断与其他阐释者对话来验证自己对世界的阐释是否正确、是否理性，而传统（语言传统、意义传统以及有关主体间相互理解时所依赖的共同语言环境的一切因素的传统）正是使这种对话得以顺利进行的基础。传统是历史的沉淀。流传至今的"传统"是历史的超越，必有它存在的理由。因此，善待传统是人类明智的表现。向传统学习，把传统转化成我们心智的一部分，就成为每个人的永不停歇的过程。

为了避免低水平地重复制造，人们必须遵从学术传统，在传统的基础上提出和研究问题，使传统得以发展。在思想发展史上，但凡新的思想的出现，都不是孤立的现象，都能从传统中找到它的碎片和痕迹。在历史的演进过程中，传统并非一成不变，它会发生衍化。就大的方面而言，分为以下几类：一些传统历经时代变迁，活力依旧，本色不改；一些传统被赋予新质，在蜕变中仍显其本质特性；一些传统与社会发展方向相悖，但终因各种复杂的因素而悄然存活。区别这些各自不同的传统是必要的，至少可以给如何继承提供路径。显然，对前两类传统应视其情况予以继承，对后一类传统则应力拒。

作为一个概念，高校思想政治教育的内涵也有着自身的变与不变。从不变的角度看，今天的高校思想政治教育是历史的继续，其基本内涵首先是对传统的继承。重视思想政治教育是党的优良传统。在党的历史上，高校思想政治教育形成了自身的丰富内涵。继承党的优良传统，把传统证明过的科学的东西纳入高校思想政治教育的现状中来，是高校思想政治教育自身发展的需要。在 2016 年 12 月 7 日至 8 日的全国加强和改进大学生思想政治教育工作会议上，习近平同志指出："要坚持继承优良传统与改进创新相结合，坚持党的思想政治工作的优良传统，积极探索新形势下大学生思想政治教育工作的新途径新办法。"习近平同志的讲话高屋建瓴，对高校思想政治教育继承传统、继往开来，在理论和和现实上有很强的指导意义。

在中国共产党思想政治教育史上，党为把大学生培养成为对祖国和人民的有用之才，曾先后提出了许多科学的标准和要求。从毛泽东同志当年提出"身体好、学习好、工作好"的"三好"要求到邓小平同志提出"有理想、有道德、有文化、有纪律"的"四有"标准，再到江泽民同志提出"坚持学习科学文化与加强思想修养的统一""坚持学习书本知识与投身社会实践的统一""坚持实现自身价值与服务祖国人民的统一""坚持树立远大理想与进行艰苦奋斗的统一"的"四个统一"要求，都着眼于中国革命、建设和改革的具体实践与客观要求，为大学生成长为栋梁之材指明了方向，设定了标杆。从总体上看，这些针对广大青年特别是大学生专门提出的标准和要求，是一脉相承的科学体系，从强调德、智、体协调发展，到强调理想、道德、文化、纪律兼备，再到强调求学和做人、知识和实践、个人和社会、理想和现实的统一，既体现了人才培养的目标，同时也包含了丰富的思想政治教育内容，揭示了高校思想政治教育的丰富内涵。这些内涵在高校思想政治教育中具有恒久的意义。

党的十八大以来，习近平总书记从坚持和发展中国特色社会主义、实现中华民族伟大复兴的全局高度，从巩固党的执政地位、实现党的执政使命的战略高度，通过参加会议并发表重要讲话、给高校师生写信或回信、到高校考察与师生座谈交流等方式，对做好大学生思想政治教育提出了一系列富有创见的新思想新观点新论断新要求，深刻回答了"培养什么样的人、如何培养人以及为谁培养人"这个根本问题，形成了思想深邃、内涵丰富、科学完整的重要论述，是指导高校做好新时期大学生思想政治教育工作的根本遵循。

习近平总书记关于大学生思想政治教育重要论述的主要内容可以概括为五个方面：

一是把立德树人作为根本任务。在全国高校思想政治工作会上，习近平总书记把立德树人作为高等教育的"根本任务"，指出"高校立身之本在于立德树人"。他在全国教育大会的重要讲话和同北京大学师生座谈时，多次提到我们党的教育方针就是要"培养德智体美劳全面发展的社会主义建设者和接班人"。

二是教师育人和家庭育人是大学生思想政治教育的两翼驱动。在全国教育大会上，总书记指出："教师是人类灵魂的工程师，是人类文明的传承者，承载着传播知识、传播思想、传播真理，塑造灵魂、塑造生命、塑造新人的时代重任。"他在北京师范大学考察时号召全国教师做"有理想信念、有道德情操、有扎实学识、有仁爱之心"的"四有"好老师。在全国高校思政会上，他强调要加强师德师风建设，"坚持教书和育人相统一，坚持言传和身教相统一，坚持潜心问道和关注社会相统一，坚持学术自由和学术规范相统一"。今年教师节来临之际，总书记寄语广大教师"不忘立德树人初心，牢记为党育人、为国育才使命"。同时，总书记多次强调"家庭是人生的第一个课堂，父母是孩子的第一任老师"，认为家庭的生活依托不可替代，家庭的社会功能不可替代，家庭的文明作用不可替代，要"重视家庭建设，注重家庭、注重家教、注重家风"。

三是大学生思想政治教育的三大任务：理想信念教育、价值养成教育、文化传承教育。理想信念是青年大学生思想行动的"总开关"，总书记多次对理想信念的高度、硬度、纯度、深度等进行深入论述；价值养成是青年大学生人生起航的"定盘星"，总书记要求青年大学生做社会主义核心价值观的坚定信仰者、积极传播者、忠实践行者，以社会主义核心价值观引领文化建设；文化传承是青年大学生成长成才的"营养剂"，总书记在建党95周年庆祝大会上指出："文化自信，是更基础、更广泛、更深厚的自信"，是"更基本、更深层、更持久的力量"；在党的十九届五中全会上重申坚定文化自信，建设文化强国。

四是大学生思想政治教育的四种途径：课程育人、实践育人、网络育人、组织育人。总书记指出："要用好课堂教学这个主渠道"，加强思政课程与课程思政建设；要读万卷书、行万里路，既多读有字之书，也多读无字之书；要依法加强网络空间治理，加强网络内容建设，为广大网民特别是青少年营造一个风清气正的网络空间；把组织建设与教育引领结合起来，强化高校各类组织的育人职责。

五是做好大学生思想政治教育的五项原则：坚持党的领导。在全国教育大会上，总书记强调指出，"坚持党对教育事业的全面领导，这是办好我国教育事业的政治保障。"做好高校思想政治工作，必须注重发挥学校党委的领导核心作用、院系党组织的政治核心作用、基层党支部的战斗堡垒作用、师生党员的先锋模范作用。坚持问题导向。无论是在全国高校思政会上谈高校思想政治工作面临的风险挑战，还是在全国教育大会上讲五育并举的重要价值，总书记从来不回避矛盾和问题。坚持遵循规律。总书记在全国高校思政会等多种场合强调，做好高校思想政治工作"要遵循思想政治工作规律，遵循教书育人规律，遵循学生成长规律"。坚持与时俱进。

（三）高校思想政治教育内涵的创新性

习近平总书记在2018年全国教育大会上指出："做好高校思想政治工作，要因事而化、因时而进、因势而新。""沿用好办法，改进老办法，探索新办法，不断提高工作能力和水平"，推动高校思想政治工作改革创新。坚持协同育人。总书记在全国高校思政会上指出，要"把思想政治工作贯穿教育教学全过程，实现全程育人、全方位育人。"总书记反复强调，做好高校思想政治工作，必须充分调动各级政府、各类学校、家庭和社会的积极性，形成育人合力。

传统固然重要，但是它不能包揽和代替现实。因为事物在发展，现实在变化，新的东西总是层出不穷，一味抱残守缺，无异于刻舟求剑，不能适应时代的发展和社会的需求。因此，在合理继承传统的基础上，改进和创新实属必然。

创新是对传统大胆的扬弃，重在创意、创建和创立。创新需要科学与人文的价值导向：求真、向善。求真，即贴近现实，追求真理；向善，即符合完美的人性，追求人类的终极关怀，体现符合多数人意向的道德情感，它是一种价值承诺，是教育信念确立的基础和前提。对创新要进行价值评价，不能唯新是从，否则就是庸俗的进化论，在创新这一概念中，"创"始终是手段，"新"才是目的。所谓新，并不仅仅是标新立异，要看其是否具有新质，是否具有新价值，是否体现事物的本质，是否代表社会发展的方向。我们需要的是真正意义上的创新，反对徒有其表的所谓的创新。那种把创新仅仅停留在现象层面，甚至停留在口号上的做派，是学风浮躁的表现，绝非真正意义上的创新。旧和新，只是相对而言，旧在先前也曾是新的，何况它能沿袭至今，必有其缘由，不能大起大落，作简单的肯定和否定。在各种思潮并起、社会价值观多元的当今社会，对"旧"和"新"进行梳理，还它以本来面目，是继承和创新的逻辑起点。

针对教育，包括思想政治教育的保守性、封闭性，邓小平同志提出了教育要面向现代化、面向世界、面向未来的主张，还提出了培养"有理想、有道德、有文化、有纪律"的社会主义新人的目标，为克服思想政治教育的功能性危机，推动思想政治教育实现创新指明了方向。同时，当代社会迅速发展的情况，同过去时代已有很大不同，现在绝不是过去的再现，未来更不是现在和过去的翻版，教育的重任是要为一个未知的世界培养人，在历史上第一次为一个尚未存在的社会培养新的人。这就为教育体系提出一个崭新的任务。因此，在现代社会条件下，思想政治教育的生命线作用、先导性作用，应当合理地被理解和作为创新功能进行发展和发挥。这种发展和发挥的基础和首要，就是思想政治教育向未来领域的发展。思想政治教育只有发展创新功能，即面向未来不断实现对自身的超越，并不断促进人们实现超越，才能真正把握未来，拥有未来，并形成未来社会的一个主要因素。否则，面向未来就是一句空话。

进入 21 世纪以来，在继承和发展毛泽东、邓小平、江泽民同志有关重要论述的基础上，胡锦涛同志对全国青年提出了"四个新一代"的要求，鼓励广大青年努力成为"理想远大、信念坚定的新一代，品德高尚、意志顽强的新一代，视野开阔、知识丰富的新一代，开拓进取、艰苦创业的新一代"。这一要求指明了大学生成长成才的目标，为当代青年的健康成长进一步指明了方向和途径，也为高校思想政治教育提出了新的更高的要求。在培育"四个新一代"人才标准的指引下，高校思想政治教育工作必须要在实践中实现创新。长期以来，我国高校思想政治教育较多地侧重了政治教育，而对思想政治教育作为一个系统工程缺乏足够的认识和把握，同时对思想政治教育内容的划分也不够清晰和准确。在中央召开的全国加强和改进大学生思想政治教育工作会议上，习近平同志结合大学生成长成才的素质要求，结合社会主义人才培养的目标，提出了高校思想政治教育的基本内容：高校思想政治教育要以理想信念教育为核心，深入进行正确的世界观、人生观、价值观教育；以爱国主义教育为重点，深入进行民族精神教育；以基本道德规范为基础，深入进行公民道德教育；以大学生全面发展为目标，深入进行素质教育。这一论断科学而全面地界定了高校思想政治教育的内涵，构建起了一个既有核心又有重点，既有基础又有目标的思想政治教育内容体系。在这个内容体系中，"三观"（世界观、人生观、价值观）教育、民族精神教育、公民道德教育和素质教育有机统一，思想教育、政治教育、道德教育和心理健康教育紧密结合，个人、集体和社会相互承接，层次分明、重点突出、目标清晰、任务明确，使高校思想政治教育的内容更加完备、充实和科学，从而为培养造就德智体美全面发展的社会主义合格建设者和可靠接班人提供了保障和基础。

（四）高校思想政治教育的领域拓展

近年来，社会的发展对高校思想政治教育提出了新的要求。基于教育要面向现代化、面向世界、面向未来的思维，也基于现代社会和学科领域的高度分化与高度综合相结合的发展趋势，高校思想政治教育的作用范围在扩大，高校思想政治教育在向新的领域拓展。

第一，高校思想政治教育向宏观领域的拓展。这种拓展表现在两个层面上：其一是国内层面，就是高校思想政治教育要面向社会主义现代化建设，把社会主义现代化建设作为政治方向，作为高校思想政治教育的主题。高校思想政治教育要向业务活动、经济活动、管理工作广泛渗透，深深植根于现代社会生活之中。在现代社会条件下，政治、经济和科学技术的发展，不断开辟出新的领域，环境问题、生态问题等新发展的领域和新涌现的问题，既广泛深刻地推动和影响着社会的进步，也折射出许多新的思想、政治、道德问题，迫切需要发展了的高校思想政治教育与之相适应，创建竞争伦理、科技伦理、环境伦理、网络伦理等，保证和促进新的领域的发展。其二是国际层面，为了适应对外开放的需要，我们要培养大批面向世界的人才。面向世界的人才不仅要有参与世界范围竞争的科学技术水平，也要有面对世界的思想、道德和心理素质。面对世界上各种文化和价值观的冲击，更要有正确分析、鉴别、选择人生观、价值观的思想基础；投身于世界范围的经济、科技、人才竞争，更要有敢于竞争的勇气和自强不息的精神；生活在对外开放的环境和活动在各种场所，更要有健康的心理和文明风度。这些思想政治素质，比过去要求更高，也更全面。

第二，高校思想政治教育向未来领域的拓展。随着开放的扩大和改革的深化，科学技术的迅猛发展、物质文化生活水平的提高和竞争机制的广泛引入，既增加了社会的复杂程度，又加快了社会的变化频率。因此，现代社会对大学生来说，在其发展过程中总是既存在机遇，又存在风险。青年学生希望自己能抓住机遇，避免风险。他们更加关注发展的前景，更加注视未来领域的发展趋向。高校思想政治教育必须面向未来发展，探索适用未来领域的理论与方法。

高校思想政治教育的一个重要作用是导向，即以正确的思想指导大学生进行实践活动。因而高校思想政治教育应当具有超前性和预防性，要保证和促进大学生面向未来的顺利发展。高校思想政治教育当然不能代替大学生的预测与决策，但高校思想政治教育可以帮助大学生增强面向未来的意识，使之对未来发展趋势有一个清晰认定，学会抓住机遇，化解风险，避免偶然因素和不道德行为的干扰和冲击，增强预测与决策的自觉性。同时，高校思想政治教育还要帮助大学生掌握科学的预测和决策方法，克服经验主义、盲目主义倾向，防止由于复杂因素的困扰和不能面对差距而陷入宗教、迷信的倾向。因此，社会的发展和大学生的发展，既向高校思想政治教育提出了面向未来进行预测和决策的要求，也为其开展预测和决策创造了条件。正确的预测既是为了现在，更是为了未来，为了在预见的前景和目标之前采取正确的教育决策和教育措施，实现教育的科学化。现代高校思想政治教育一定要研究预测和决策的理论和方法，形成高校思想政治教育预测与决策的分支学科，为高校思想政治教育提供理论指导。

第三，高校思想政治教育向微观领域的拓展。所谓高校思想政治教育的微观领域，就是指高校思想政治教育工作者与大学生的内心世界。宏观的客观世界同人们的主观的内心世界，总是不可分割地联系在一起的。宏观世界的开放性、复杂性、易变性也会导致人们内心世界的开放、复杂与变动。因此，高校思想政治教育在向宏观领域发展的同时，也必须向微观领域发展。人们内心世界具有更大的复杂性和潜隐性，它像一个"黑箱"，无法窥探，也难以敞开，只能通过深入研究，才能把握其发展变化的规律性。在现代社会条件下，社会因素和社会信息不断增多，并且变化节奏加快，整个社会和人们的利益关系复杂程度增加，引起大学生的心理震荡，增加心理负荷，甚至导致一些人出现心理不平衡、心理障碍与心理疾病。因此，心理方面的问题十分突出地摆到了高校思想政治教育者面前，开展心理测试与心理分析，进行心理诊断与心理咨询，普及心理保健知识，提高心理素质，便成为高校思想政治教育的一项重要任务。研究人们内心世界的问题，还有一个更重要的任务就是开发人力资源。每一个人都有一个复杂的内心世界，每一个人都有巨大的潜能。我们要把人们的潜能充分发挥出来，把人力资源充分开发出来，如果不掌握人们内心世界的发展变化规律，不能有效地把外在教育内化为人们的思想，就只能是一句空话。所以，我们要探索思想内化理论，掌握心理发展规律，建立具有中国特色的高校思想政治教育心理学。

二、高校思想政治教育的社会内涵

社会性内涵是高校思想政治教育的基本内涵。在党的历史上，为社会现实服务，依据社会发展的需要确定教育内容，是高校思想政治教育的光荣传统。新中国建立前，高校思想政治教育为新民主主义革命服务；新中国建立后，高校思想政治教育先后为社会主义革命和建设服务，形成了高校思想政治教育在不同历史时期的特定社会内涵。在新的历史时期，高校思想政治教育的社会内涵主要体现在树立中国特色社会主义共同理想、弘扬民族精神与时代精神、树立社会主义核心价值观等几个方面。

（一）树立中国特色社会主义共同理想

一个国家的可持续发展，一个国家的内部和谐，与该国现实的政治经济状况密切相关，与该国国民的共同理想也密切相关，这两种相关是同等重要的。强大而明确的共同理想，甚至能在很长的时期内克服政治经济结构的现实裂痕，这在历史上不乏其例。中国经过近现代的曲折徘徊与浴血奋争，经过近几十年来的探索发展，已经走出了一条适合自身国情、能有效发挥本国优势且取得了辉煌成就的道路，这就是中国特色社会主义。

如果说在共产主义启蒙时期形成理想信念需要思想上的睿智与敢为天下先的勇气的话，目前已经积累的辉煌的历史成就使新的一代人更容易形成更坚定的中国特色社会主义共同理想。但新的一代人又是没有苦难记忆的一代人，他们生活在一个思想多元化的开放社会，所以主旋律的高扬更显得必要。目前，中国改革开放社会已经进入转型期，也是一个矛盾凸显期，更深入的中国特色社会主义共同理想的教育，有助于包括大学生在内的社会成员正确认识改革过程中出现与积累的矛盾，树立人们解决矛盾的信心，构建和谐社会。中国特色社会主义共同理想教育是当代高校思想政治教育的"灵魂"和基础，它决定着高校思想政治教育的基本性质。可见，中国特色社会主义共同理想教育是当前高校思想政治教育的关键和核心所在。其功能和作用主要体现在以下几个方面。

第一，中国特色社会主义共同理想教育决定着高校思想政治教育的基本性质。大学阶段是大学生确立自我、实现人生目标的关键时期，引导大学生树立高远的志向是思想政治教育的核心内容。共同的理想信念是一定社会主体共同价值目标的集中体现，当代中国高校思想政治教育的实质就在于从思想政治理论的高度，使大学生充分认识到中国特色社会主义共同理想的科学性，使大学生不仅在情感上，而且能从世界观的高度，理性地接受和认同中国特色社会主义的价值目标。只有牢固地树立起中国特色社会主义共同理想，以社会主义核心价值体系凝聚广大青年学生，才能产生经久不衰的动力，使他们既看到中国特色社会主义事业面临的挑战和困难，又看到中国特色社会主义事业所具有的旺盛生命力，在构建社会主义和谐社会、加快社会主义现代化建设的历史进程中奋发有为，建功立业。

第二，中国特色社会主义共同理想教育是振奋大学生精神、鼓舞大学生进取的有效途径。中国特色社会主义充分反映了我国最广大人民的共同愿望、利益和要求，是全国各族人民不懈追求的共同理想。这个共同理想把国家、民族与个人紧紧地联系在一起，它有利于调动全体人民共同为之奋斗，能够在最大限度上统一社会意志、集中社会智慧、激发社会活力，为构建社会主义和谐社会提供有力的精神保证。大学生是十分宝贵的人才资源，是民族的希望，是祖国的未来。加强和改进高校思想政治教育，提高他们的思想政治素质，对于确保中国特色社会主义事业兴旺发达、后继有人，具有重大而深远的战略意义。通过中国特色社会主义共同理想教育，可以使大学生懂得：要实现个人理想，就必须从现实出发，从自己做起，从身边的小事做起，脚踏实地，百折不挠；要实现中国特色社会主义理想和中华民族的伟大复兴，就必须多读书、读好书，努力学习科学文化知识，提高科学文化素质，掌握科学知识、科学方法和科学思想，提高自己辨别是非的能力。

第三，中国特色社会主义共同理想教育是衡量高校思想政治教育效果的重要标准。高校思想政治教育的目的是使大学生认同和接受社会主义的基本思想和价值目标。在我国现阶段，就是要使大学生接受我们党的政治主张和政治信仰，并且充分看到广大人民群众的利益与自身利益的一致性，使建设中国特色社会主义的理想成为他们的共同理想。所以，评价高校思想政治教育效果的一个重要标准，就是要看党的政治主张、政治信仰和现阶段我国各族人民的共同理想是否为广大青年学生所认同。能不能培养出一代又一代有觉悟的社会主义新人，既是衡量高校思想政治教育效果的重要标准，更是关系到社会主义和共产主义远大目标能否实现的关键。在教育大学生成为"四有"新人的目标体系中，中国特色社会主义共同理想始终摆在第一位。只有树立中国特色社会主义理想，学生才能自觉地运用社会主义的道德和纪律来约束自己，才能产生努力学习科学文化的强大内在动力。

（二）弘扬民族精神与时代精神

民族精神是一个民族在长期的历史发展过程中逐步形成和培育起来的一种独具民族特色的、自觉的群体意识，是民族文化、民族智慧、民族情感、民族心理、民族共同理想、民族共同价值取向和民族行为规范等民族个性的综合体现。中国自古便是一个多民族的国家，几千年来，在以中原地区民族为中心与周边少数民族绵延不断的民族文化的碰撞与交融中形成了以汉族为中心的一体多元的民族结构，由此而逐渐萌生的民族意识最终整合为中华民族精神，成为推动中华民族发展壮大的精神力量。加强中华民族优秀传统和艰苦奋斗教育，是新时期高校思想政治教育的重要内容。中华民族在五千年的文明发展史中，为我们留下了丰富的文化遗产，蕴含在其中的伟大的民族精神，是中华民族传统文化的积淀和升华。我国如何在更加开放的环境下不断发展壮大中华民族传统文化，增强广大群众特别是青少年对民族文化的认同和自信；如何在激烈的国际竞争中努力确立并发挥我们自己的民族文化优势，增强民族文化竞争力，维护国家文化安全等，成为高校思想政治教育面临的重大课题。必须坚持以人为本，挖掘中华民族的文化资源，把民族精神教育作为高校思想政治教育的重中之重，实现古今文明的优势互补。

时代精神是时代思想的结晶，是一个时代科学认识成果和进步潮流的凝聚，是对时代问题的能动反映和应答，是某一社会在特定时代代表主流文化的内在、稳定而又深刻的东西，是一个时代、一个民族大多数人所希望、所向往、所信奉、所为之激动不已、追求不止的观念和精神，具体体现在这个时代大多数人的精神风貌、民族特质、理想信念、生活态度、价值取向、人生追求、风俗习惯、行为规范及所有活动之中，是贯穿于其中的原则、灵魂和起统摄作用的东西。时代精神产生于时代之中并表现时代，与时代具有高度的一致性和同步性。因为它就是时代变化的晴雨表或集中体现。时代精神反映了时代的特点、时代的内容并适应了时代的要求，它为特定时代提供精神支柱、动力和文化条件。当今时代精神主要体现在科学精神、人文精神、民主精神、开放精神和创新精神上，体现在"解放思想、实事求是，与时俱进、勇于创新，知难而进、一往无前，艰苦奋斗、务求实效，淡泊名利、无私奉献"上，其本质和灵魂在于创新。高校思想政治教育要善于从时代精神中汲取营养，在时代发展和社会进步中掘取资源，吸纳表达时代精神，把时代精神作为塑造一代新人的核心内容，贯穿于教育的全过程，渗透到教育的方方面面。无视时代的进步、社会的发展，与时代精神和时代发展相左，高校思想政治教育就很难被人们接受，很难体现时代感，很难取得实效。

（三）树立社会主义荣辱观，树立社会主义核心价值观

中国共产党在领导中国革命、建设和改革的过程中，对加强思想政治教育极其重视，并在实践中积极探索思想政治教育的基本规律。总结这些规律，其中的一条重要经验就是，要高度重视思想政治教育的育人功能，要特别强调人才思想道德素质的重要性，强调道德养成对于人才培育的重要意义。

当代大学生理应是思想道德素质和科学文化素质协调发展的一代。高校不但要注重大学生的文化素质教育，更要注重大学生的思想道德教育。正如大科学家爱因斯坦所说："用专业知识教育人是不够的。通过专业教育，他可以成为一种有用的机器，但是不能成为一个和谐发展的人。要使学生对价值有所理解并且产生热烈的感情，那是最基本的。他必须获得对美和道德上的善恶鲜明的辨别力。"

习近平总书记指出，当代中国青年要在感悟时代、紧跟时代中珍惜韶华，自觉按照党和人民的要求锤炼自己、提高自己，做到志存高远、德才并重、情理兼修、勇于开拓，在火热的青春中放飞人生梦想，在拼搏的青春中成就事业华章。"志存高远"——习近平总书记不止一次对青年树立远大理想提出殷切期望。"中国梦是我们的，更是你们青年一代的。中华民族伟大复兴终将在广大青年的接力奋斗中变为现

实。"德才并重""修齐治平"中，修身是第一位的。习近平总书记和北大师生座谈时曾说过："道德之于个人、之于社会，都具有基础性意义，做人做事第一位的是崇德修身。这就是我们的用人标准为什么是德才兼备、以德为先，因为德是首要、是方向，一个人只有明大德、守公德、严私德，其才方能用得其所。""情理兼修"——情和理一直是中国人价值观中相辅相成、不可分割的两个维度。"以情动人，以理服人""通情达理""合情合理""入情入理"，这都是"情理兼修"的表现。"勇于开拓"——青年如旭日之初升，草木之方萌，要敢于开风气之先，有一股"于满是荆棘的荒野里踏出一条路"的闯劲儿。

面对新世纪新阶段我国经济社会发展对人才培养的客观要求，党的十八大提出，倡导富强、民主、文明、和谐，倡导自由、平等、公正、法治，倡导爱国、敬业、诚信、友善，积极培育和践行社会主义核心价值观。富强、民主、文明、和谐是国家层面的价值目标，自由、平等、公正、法治是社会层面的价值取向，爱国、敬业、诚信、友善是公民个人层面的价值准则，这 24 个字是社会主义核心价值观的基本内容。

"富强、民主、文明、和谐"，是我国社会主义现代化国家的建设目标，也是从价值目标层面对社会主义核心价值观基本理念的凝练，在社会主义核心价值观中居于最高层次，对其他层次的价值理念具有统领作用。"自由、平等、公正、法治"，是对美好社会的生动表述，也是从社会层面对社会主义核心价值观基本理念的凝练。它反映了中国特色社会主义的基本属性，是我们党矢志不渝、长期实践的核心价值理念。"爱国、敬业、诚信、友善"，是公民基本道德规范，是从个人行为层面对社会主义核心价值观基本理念的凝练。它覆盖社会道德生活的各个领域，是公民必须恪守的基本道德准则，也是评价公民道德行为选择的基本价值标准。

大学生代表着祖国的未来，肩负着中华民族伟大复兴的历史使命，对大学生加强社会主义核心价值观教育十分必要和迫切。培育和践行社会主义核心价值观要从个人抓起、从学校抓起。坚持育人为本、德育为先，围绕立德树人的根本任务，把社会主义核心价值观纳入国民教育总体规划，落实到教育教学和管理服务各环节，覆盖到所有学校和受教育者，形成课堂教学、社会实践、校园文化多位一体的育人平台，不断完善中华优秀传统文化教育，形成爱学习、爱劳动、爱祖国活动的有效形式和长效机制，努力培养德智体美全面发展的社会主义建设者和接班人。

社会主义核心价值观是社会主义核心价值体系最深层的精神内核，是现阶段全国人民对社会主义核心价值观具体内容的最大公约数的表述，具有强大的感召力、凝聚力和引导力。同时社会主义核心价值观也是当前高校思想政治教育的一项崭新内容，在本质上是与高校思想政治教育的目标、指导思想、内容相一致的。所以，要加强高校思想政治教育，就要在大学生中牢固树立社会主义核心价值观。

三、高校思想政治教育内涵的延伸

社会内涵与个体发展内涵是高校思想政治教育最基本的内涵。除此之外，在实践中，高校思想政治教育还向许多相关领域延伸。这些延伸的内容，也是高校思想政治教育内涵的重要组成部分。例如，高校思想政治教育与历史教育、地理教育、国际政治教育相结合，延伸出认识基本国情与基本世情的问题；与法律教育相结合，延伸出培养民主意识与法制精神的问题；与时事相结合，延伸出认识形势与政策的问题；与大学生的日常生活相结合，延伸出高校日常事务中的思想政治教育问题。下面我们将对这些延伸的内涵进行探讨。

（一）引导大学生认识基本国情与基本世情

当前，人们受各种思想观念影响的渠道明显增多，程度明显加深，思想活动的独立性、选择性、多变性、差异性明显增强。当代大学生更是思想敏锐、勇于进取，思想观念趋于多元化，在各种社会思潮的影响下，往往表现出较强的事业心、责任感，但有时也会表现出良莠不分、社会责任感不强的弱点。针对这些复杂的现象，我们不能简单地肯定和否定，而应结合我国社会主义初级阶段的基本国情和当前国际形势，对大学生开展国情与世情教育，让他们认识到，只有社会主义才能使中国强大起来，激发学生树立为建设社会主义现代化强国，为人类做贡献的紧迫感、使命感和责任感。

在国情教育方面，除了加强国家历史与国家地理的教育，要着重结合改革开放的历史进程，引导学生认识中国特色社会主义的强大生命力，以及前进中面临的一些突出的问题。几年，以一个发展中国家的身份，中国成为近年来全球经济增长的主力，这在现代经济发展史上是少见的。在巨变面前，我们仍需保持清醒的头脑。必须看到，中国处在社会主义初级阶段的基本国情并未改变，人民日益增长的物质文化需求同落后的社会生产之间的矛盾并未改变。"一个巨变""两个未变"的国情告诉我们，实现现代化、赶上世界先进水平还有很长的路要走。我国人均国民生产总值（GDP）在世界上的排名还较为落后。

在世情教育方面，除了加强世界历史与世界地理的教育，要着重引导学生认识当今世界和平与发展的时代主题，以及我国国际环境的复杂性。在 21 世纪，世界多极化和经济全球化的趋势在曲折中发展，科技进步日新月异，综合国力竞争日趋激烈。世界经济失衡加剧，能源资源压力增大，生态环境问题突出，贸易保护主义趋势上升，国际安全面临新的挑战。国际大环境对我国发展既有许多有利条件，也有不少不利因素，要求我们党准确把握人类社会发展规律，进一步推动建设和谐世界，为中国实现可持续发展创造所需要的外部环境；要求我们党抓住机遇、加快发展，在未来的发展中赢得更多的主动，在复杂多变的国际格局中始终立于不败之地。这是我们党面临的国际局势变动的新考验。

（二）培养大学生的民主意识与法制精神

民主与法制是现代国家的基本特征，也是中国特色社会主义的本质属性之一。培养大学生的民主意识与法制精神，是高校思想政治教育的主要任务之一。民主意识与法制精神教育，是当代高校思想政治教育的重要内涵。

首先，高校思想政治教育要致力于培养大学生健康的民主观念。民主观念是现代国家公民的基本素养。我国是社会主义国家，我们培养的人才更应当具有民主的素养。高校思想政治教育要致力于培养现代国家合格公民，培养当代大学生健康的民主观念。众所周知，大学生作为青年群体的一部分，思想活跃，爱国热情高，参与国家政治生活的愿望强烈，向往民主。这种热情和愿望，如果引导到社会主义法制的轨道上，就会成为推进民主政治建设的一种积极因素。相反，如果缺乏正确的民主意识和清晰而牢固的法制观念，不懂得参与民主政治必须依照法律的规定和法定的途径，分不清社会主义民主同极端民主化和无政府主义的界限，就容易给社会带来动乱和危害，而且也违背了大学生的良好愿望。通过法制教育，可以使大学生学习到法律基本知识，增强法律意识，形成正确的民主意识和牢固的法制观念，从而通过正确的途径和方法表现自己的爱国热情，实现自己的政治愿望。

其次，高校思想政治教育要致力于培养大学生的法制精神。我国的社会主义法律是根据国家的经济、政治和社会各方面的需要，依据经济运行规律和社会历史发展规律制定的，是保证社会稳定和社会发展的重要武器。法律作为广大人民群众管理国家、建设国家的重要武器，为大学生投身社会实践，行使主人翁权利，提供了可靠的法律保障。它指导和规范着人们的社会行为及其方向，它明确地赋予人们所享有的权利和应当承担的义务，保护着青年大学生所享有的种种权利。它为青年大学生的成长开辟了广阔的天地，保护着他们健康成长。谁要是侵犯了青年大学生应享有的权利和利益，大学生可以拿起法律武器，依靠法律的保护而重新获得这些权力和利益。另一方面，大学生也要遵守国家的法律与制度，做知法守法的公民。必须要让大学生清醒地认识到，只有维护国家法律的尊严，才能赢得自己的尊严，才能在社会上正常发展。大学生作为有知识的群体，是国家未来的栋梁，他们是否具有法制精神，很大程度上影响着中国特色社会主义的法制进程。加强对当代大学生的法制教育，是高校思想政治教育的重要任务。

最后，需要指出的是，社会主义民主政治并不是依靠行政命令就能推行的，最终还要取决于人们民主意识、法制意识和政治素质的提高。只有提高人们的民主意识、法制意识和政治素质，他们才能够有序、有效地参与社会主义政治生活。当前，高校思想政治教育对大学生的政治素质教育相对突出，对他们的民主法制教育相对不足，这与社会主义政治文明进一步发展的需要是不适应的。在今后几十年，社会主义政治文明将会取得更大的发展。在这一过程中，高校思想政治教育应发挥强大的政治引导功能，强化对大学生的民主与法制教育，提高大学生的民主意识和法制意识，使之无论是在校期间，还是毕业以后，都能够有序、有效地参与社会主义政治事务。

（三）认识形势与政策

形势与政策教育是我国高校思想政治教育的重要内容和重要形式，无论是从帮助大学生正确认识国内外形势，掌握党和国家的路线、方针和政策，从培养学生正确运用马克思主义的思想观点分析问题、解决问题等方面，还是从开阔学生视野，拓宽学生知识面，弘扬科学精神等方面，形势与政策教育都显示了其独有的作用与地位。其受重视程度也随着时间的推移、形势的变化而不断得到提升：从提出形势与政策教育应当列入教学计划，到决定在高校思想政治教育课程中设置形势与政策课程；从把形势与政策课程的管理纳入思想品德课的课程管理体系、列入大学教育全过程、规定保证平均每周不少于一学时、实行学年考核制度、成绩列入学生成绩册，到对高等学校学生形势与政策教育的地位、作用、做法等提出了更加明确、更加系统的意见，我们不难看出党和国家对加强高等学校学生形势与政策教育的重视程度。

高校开展形势与政策教育，应坚持以马克思列宁主义、毛泽东思想、邓小平理论、"三个代表"重要思想和科学发展观为指导，深入贯彻习近平总书记系列重要讲话精神。从适应国内国际大局深刻变化看，我国正处在大发展大变革大调整时期，在前所未有的改革、发展和开放进程中，各种价值观念和社会思潮纷繁复杂。面对世界范围思想文化交流交融交锋形势下价值观较量的新态势，面对改革开放和发展社会主义市场经济条件下思想意识多元多样多变的新特点，迫切需要我们积极培育和践行社会主义核心价值观，扩大主流价值观念的影响力，提高国家文化软实力。而把形势政策教育引进高校思想政治课堂，其本身就是社会主义核心价值观的体现。

我国经济实力显著增强、市场经济体制逐步完善、人民的生活水平大幅度提升、民主法制建设不断发展、文化更加繁荣、社会更加和谐、国防和军队更加强大、国际地位日益提高、党的自身建设稳步深入。中国的发展不仅使中国人民稳步地走上了富裕安康的广阔道路，而且为世界经济发展和人类文明进步做出了重大贡献。当代大学生出生成长在改革开放的年代，通过形势与政策教育，不仅要使他们充分认识我国发展的成就和大好形势，进一步树立民族自信心和自豪感；更要使他们深刻懂得，改革开放以来我们取得一切成绩和进步的根本原因，归结起来就是：开辟了中国特色社会主义道路，形成了中国特色社会主义理论体系，从而坚定在中国共产党领导下走中国特色社会主义道路的信心和决心。

我国的政治经济形势在主流上是健康向上的，但是我们从事的是前无古人的事业，没有现成的经验可供借鉴，我们在国内外还面临着这样或那样的困难，这注定了我们前进的道路不可能是平坦的。因此，必须对广大学生进行形势政策教育，使他们能够正确地看待当前的形势，看到形势的主流和健康的发展趋势。更为重要的是，我们党根据当前形势所采取的政策和措施，需要通过教育和学习的途径，为广大知识青年所掌握，以增强他们社会主义事业必胜的信心。因此，形势与政策教育作为高校学生思想政治教育的重要内容，作为高校思想政治理论课的重要组成部分，在高校思想政治教育中担负着重要使命，具有不可替代的重要作用。加强对大学生的形势与政策教育，是高校思想政治教育的重要内涵。

（四）高校日常事务中的思想政治教育

高校的思想政治教育是一项长期的工作，不可有丝毫的松懈。为此，高校的思想政治教育必须做宽、做细、做深、做久，使之变成大学生日常生活的一部分；必须时刻关注大学生日常学习与生活中出现的每一个实际问题，力争将思想政治教育与大学生的学习与生活紧密结合起来，使思想政治教育无处不在、无时不有，这就是高校思想政治教育的生活化。注重日常生活中的思想政治教育，是高校思想政治教育的重要内涵。

大学生的日常生活是丰富多彩的，高校的日常事务是纷繁复杂的。做好高校日常事务中的思想政治教育，需要从多个层面入手。

首先，课堂教学是高校基本的实践活动。要充分发挥思想政治理论课在思想政治教育中的主渠道作用，同时要充分发挥哲学社会科学在培养大学生的人文精神中的作用，充分发挥各类自然科学课程在培养大学生的科学精神中的作用。

其次，学生日常事务管理是高校正常运行的重要环节。要在学生日常事务管理中渗透思想政治教育，实现管理与教育相结合，需要加强制度建设。制度化是任何工作走向正规化、科学化的必经之路。高校日常思想政治教育制度化，既包括日常管理工作制度化，也包括专职队伍建设的制度化。

最后，丰富多彩的校园文化是大学生日常生活的重要组成部分。加强校园文化建设，才能为大学生的成才创造良好环境。校园文化建设首要的是加强校风、教风和学风建设，重点在于培育民族精神和大学精神，形成有自己学校特色的教风和学风。高校要通过开展丰富多彩的活动，寓教于乐、寓学于乐，以喜闻乐见的方式把思想政治教育融入大学生的学习和生活之中。最后，网络已经融入大学生的生活，它以信息量大、快、杂等特点深刻地影响着大学生的生活方式和思维方式。为此，要切实加强校园网络建设，重点建设好集思想性、知识性、趣味性、服务性于一体的主网站，建立一支思想水平高、业务能力强、熟悉学生特点的网络思想政治教育工作队伍和网上评论员队伍。高校的网络工作者要密切关注校园网的动态，留意学生关心的话题，并注意加强正确的引导，牢牢掌握网上思想政治教育的主动权，使网络成为高校思想政治教育工作的重要领地。

习近平总书记关于大学生思想政治教育深刻指明了青年学生成长成才必须坚持的

正确方向，深刻分析了青年学生成长成才必须依循的科学路径，具有鲜明的时代性、战略性、创新性、实践性等特征。习总书记关于大学生思想政治教育的重要论述，是引导青年大学生健康成长和全面成才的行动指南，是指导高校做好学生思想政治教育工作的重要法宝，是各级党委政府制定青年工作规划决策的根本遵循。各高校一定要认真学习贯彻习近平总书记关于大学生思想政治教育的重要论述，准确把握新时代高校思想政治工作的新形势与新任务，充分利用编制学校"十四五"规划的重要契机，努力构建全员育人的利益调控机制、全过程育人的内部整合机制、全方位育人的外部协同机制，不断完善高校三全育人机制和十大育人体系，为落实立德树人根本任务、建设高质量教育体系和教育强国作出新的更大贡献。

第二章 多维视角下高校思想政治工作价值与教育管理探索

价值观是一种应该和选择的意识。这种意识按性质而言，可分为科学价值观、审美价值观、功利价值观、道德价值观等，其中以道德价值观对人的生活行为影响最大。众所周知，道德价值观是一般价值观的主要方面和核心部分。所谓道德价值观，就是对道德是否具有价值及其价值大小的基本观点和看法，人与人、人与社会之间的道德关系，对道德关系的基本规范，以及人的内在德性等是道德价值的基本内容。

第一节 精神价值塑造与重建

价值迷失有两种含义：一是弄不清价值观，或因为价值观念的不同而持有的消极态度；二是丢失或丧失了应有的积极的价值观，弄不清楚人的存在和活动的社会意义。本书所探讨的价值迷失更多的在于第二种含义，所表现为当前的价值混乱和道德下滑。价值是主体对客体的认识、评价和改造关系，是客体对主体具有的意义。价值观则是对这种关系或意义再认识、再评价的结果，是人们对价值的特殊取向，是对价值关系反思之后形成并表示出来的。因此我们这所提到的价值迷失和价值重建的"价值"，实质上指的是价值观。

也许从某种程度上来说，改革开放唤醒了人们的危机意识。然而，当人们讨论各种各样的危机时，所注意的都是"物质"领域的危机，如经济危机、交通危机、人口危机、能源危机、环境危机等等，而对"精神"领域方面的危机，则讨论得并不多，实际上，从某种意义来说，无论是对社会的发展还是对民族素质的发展，其危害比之于"物质"领域的危机要严重。随着经济的不断发展，人们的价值观有了许多不同的变化，但是这种变化的好与坏，有不同的定论。只是，不管我们愿不愿意，承不承认，这种变化都已经出现，而且已经渗透到我们生活的每个方面。有的人认为，当前价值，特别是人们的道德，是处于一种"爬坡"时期，是随着我们的发展而带来的发展，所以理所应当的，我们应该对这种"价值的混乱"保持一种乐观的心态。

一、价值混乱的原因分析

（一）理论原因——价值观的代际差异

价值观，从其来源和基础方面看，任何人的价值观都不是凭空产生和改变的，归根到底它反映了人的社会存在，即生存方式、生活条件和实践经历等特征。价值观的深层基础是主体的根本地位、需要、利益和能力等具体情况，是人的价值生活在头脑中的反应和积淀。因此价值观总是和人的现实状况相联系，不同地位、不同条件、不同经历的人有不同的价值观，在存在着阶级、民族等多元化现实基础的人们之间，价值观也是多元的。

随着时代的发展和变迁，发达的现代医学，我们当前的代际辈分已经发展到涵盖20世纪20后时代到21世纪10后时代，每一个成长的时代有每一个时代自己的生存环境，形成了每一个时代的价值观，因此，不同时代的人的价值观放在一起，比如说我们最近的几代人，我们是该继承上一代所持有的价值观还是应该根据选择适应当前社会现实状况的价值观呢？不同的代与代之间的价值观，虽然是社会价值观的不同呈现，但现在人们的交流容易使人们产生混乱和冲突。这就是价值观的代际差异所带来的价值混乱。

1. 成长环境与道德价值需求的差异

不同代的人由于其成长环境的不同，导致了他们具有不同的道德价值需求，从而出现了道德价值观的代沟，这是一个难以推翻的事实。不同代的人的成长环境可以简称为"代环境"。代环境主要是由社会的政治、经济、文化、教育等因素构成。特别是面对经济环境，在一定时期和一定程度上，青年人具有更强烈的与市场取向相适应的道德价值需求，并由此产生了与这一需求相适应的道德价值观，而原来习惯计划经济体制环境的上一代人，则难以很快适应新的市场经济环境和新的道德价值观，相反，对过去计划经济和与之相适应的道德价值观有着更多的留恋和怀旧情结。这样，在经济转轨中的道德价值观的代际差异就具有某种必然性。可见，截然不同的成长环境以及培育过程是导致道德价值观变迁和代际差异的长期而主要的因素。

2. 文化特点：道德"话语霸权"与"自说自话"

这里所说的"自说自话"，是试图通过这种形象的词汇来说明一个体现在代际之间的文化现象，并力求揭示道德价值观代沟的原因。自说自话首先反映了代际间的沟通障碍，承认社会往往固守着话语权，而青年则沉浸在自身的话语氛围中，双方"各说各的话"；自说自话还意指成人社会对青年的一种困惑或指责。因此，自说自话是与话语霸权相对而言的，也就是说，不论是文化间、人际还是代际中，如果某一方拥有着话语霸权，那么，与之相对的另一方一般就只能以"独白"和"自说自话"的方式表达自己的意愿。这种表达方式表面上看不与话语霸权拥有者相对抗，不挑战国家权力和意识形态，实际上却反映了自说自话者对话语霸权独特的反抗和疏离方式，体现了话语霸权拥有者与自说自话的无权者的分裂。

3. 教育背景：经验和知识的代际矛盾与伦理观念冲突

在传统社会，长期积累起来的经验对于个人来讲是一种十分重要的资源，这种资源可以转化为一种权力，对社会和他人进行控制的权力。而在现代社会，由于变迁迅速，经验常常不能"应验"多变的现实，因此已经失去了过去那种神圣的光环和恒久的价值，甚至常常被当作陈旧和过时的东西。瞬息万变、更新周期大大缩短的知识取代了经验的位置，尤其在现在知识社会或知识经济时代，知识可以转化为资本和权力。

传统社会崇尚经验和现代社会推崇知识的矛盾，突出地体现在现代社会的代际关系中。年龄因素毫无疑问是造成经验和知识代际差异的重要原因。然而，教育背景虽然与年龄因素密切相关，却是一个比年龄更重要的原因。由于社会变迁剧烈，信息和知识更新急速、周期缩短，因此，在青年时期所接受的教育以及这种教育所提供的最新知识和哪怕最前卫的观念，到了成年时已经过时，而成年人哪怕是坚持终身学习，由于种种原因，也不可能像后来的青年人那样接受全新的教育，拥有完全面向未来的新知识和新观念。

4. 价值依据：道德价值观代际评价的逆反

价值及价值评价是一个复杂的价值论或价值哲学问题，在这里仅从道德价值观的代际评价和自我评价的差异入手。青年人与成年人对对方道德价值观评价的差异，至少表现在以下几个方面：

第一，青年人与成年人成长的社会环境不同，他们的道德需要也就不同，因而他们对对方道德价值观的评价就有所不同。不同的成长环境，使不同代的人有着不同的生存体验和道德需要，由此而形成了不同的道德价值观念。

第二，青年人和成年人的社会地位、社会角色和社会责任不同，对对方道德价值观的要求和评价也就会有区别。评价主体之间的差异，主要来自他们所处的社会地位、扮演的社会角色及承担的社会责任等的差异。

第三，道德价值观代际评价与代内评价的差异，也会导致青年人和成年人对对方道德价值观的评价出现差异。青年人和成年人分属于不同的代群。在代群内部即代内，由于都是同辈群体，相互之间的道德价值观评价属于代内评价，在代内往往亲和力更大，相互之间的影响力也更大，因此评价比较宽容。而在代与代之间，道德价值观的评价则属于代际评价，代际评价的差异往往更大，评价结论也更难以让对方所接受，比如上辈人对下辈人的评价带有教训的意味，而下辈人对上辈人的这种评价，往往又不太认同和接受，而更加认同代内评价。因此，道德价值观的代内评价与代际评价被分隔开。

第四，青年人和成年人在道德价值观评价标准上的不同，最明显地体现出双方在道德价值观评价上的差异。由于上述种种因素的作用，不同代的人形成了各种不同的道德价值观及其评价标准，以各自不同的道德价值观去衡量另一代人的道德价值观，必然就会出现道德价值观代际评价的差异。

5. 心理因素：心理成熟度与道德社会化的关联

心理因素是导致道德价值观代沟的一个重要因素，每一代人都有作为其基本特征标志的包括道德心理在内的心理共性和心理共识。这种心理共性和心理共识又将一代人与另一代人在心理上区别开来。由于每一代人的成长环境和生存境遇不同，他们形成了相互有异的心理特征，这些心理特征深深地印上了当时社会环境和道德状况的痕迹；同时，每一个人在其生命历程的不同阶段，其心理也会或多或少地发生变化，并形成相应的心理特征。从代际的观点来看，老年人的心理更趋"怀旧"，中年人表现为"求稳"，青年人则以"创新变革"的心态面对人生。

青年的道德心理是自我意识不断增强、独立思考的要求不断提高、渴望得到成人社会承认的需求越来越强烈，一句话，青年在不断社会化的同时，还表现出情绪化和非理性等心理不成熟的特点。这种情绪化和非理性的特点，常常是导致青年对现有道德价值观反叛的重要心理因素。

以上原因形成了价值观之间的代际差异，由于生存的环境是价值观差异的根本原因，因此，当前社会中的价值观代际差异，很多时候也扩大化为代内差异或者为不同的社会群体、社会中的不同个人之间的差异。

（二）现实原因——市场经济的冲击

什么是"价值观念"或"价值观"呢？最简要的回答是：它是指人们关于基本价值的信念、信仰、理想系统。这句话概括了价值观特有的一般思想内容和思想形式。价值观的内容：一方面表现为价值取向、价值追求，凝结为一定的价值目标；另一方面表现为价值尺度和准则，成为人们判断价值事物有无价值及价值大小、是光荣还是可耻的评价标准。

1. 自由主义的价值目标与市场经济的一致性

市场经济崇尚个人自由。从历史上看，当初资产阶级正是在争取贸易自由的过程中发展壮大起来的。市场经济就是要冲破任何人为制造的壁垒，争取自由，以赚取最大限度的利润。从学理的层面上看，市场经济是计划经济的对立物，它不相信，每个人如此丰富多样的个性、爱好和需求可以用一个庞大而"周密"的计划来加以体现，因而计划经济几乎不可避免地要走向无视个人自由发展的道路上去。只有市场才能够最准确、最灵敏地反映个人需求，也只有市场才最尊重个人的这种需求。其道理既简单又明了；如果不是这样，就无法获得最大限度的利润。

自由竞争是市场经济的铁的法则。自由主义使得整个社会的各种资源之间的流动变得更加容易。当然，从社会公正的角度而言，一个健康的社会无论如何必须给弱者留下一席之地，保障他们生存的基本权利，维护他们做人的起码尊严。就此而言，市场经济是存在着很大的局限性的。

在我们看来，自由主义的主张有利有弊。它的弊端在于片面鼓吹自由的意义，其结果是自由的膨胀并增大经济活动的盲目性和社会生活的不确定性，而自由竞争的残酷性会导致严重的两极分化。谁来调控市场？谁来为弱势群体说话？这一问题又一次严峻地摆在了人类面前。但从另一方面来看，自由主义的有利之处在于保证了社会生活的鲜活气息。由于利益的驱动，有助于人们最大限度地把自己的潜能挖掘出来，去争取自己想要的东西，从而使生产与生活充满活力。但是这种潜能的开发，在当前的社会状况下，在利益的诱惑和金钱的刺激下，有些人完全放弃了道德和价值的约束，而将潜能用于许多虚假商品、欺骗性交易、经济骗局等，助长了享乐主义等价值观对人们已有价值的冲击和道德底线的不断下滑。

2. 功利主义的评价标准与市场经济的一致性

经济全球化以全球市场经济的形成为标志。为什么市场经济会成为全世界经济活动的普遍模式和普遍规则？因为它具有一种公认的优越性，这就是它能够创造出高效率，有利于财富的快速增长。这种优越性首先来自它唤醒了人们内心深处的功利之心，创造出一套游戏规则，让人们在一个相对公平的条件下追逐利益，从而在客观上推动了文明的进步。可见，市场经济的内在机制就是追求物质利益的最大化，毫无疑问，功利主义是它在道德伦理上竖起的第一面旗帜。

现代功利主义之父哈奇逊在其《论道德上善与恶的观念的起源》一书中有一段对功利主义伦理观的经典表述："如果由行为所发生的快乐的程度，都是相等的，那么凡称为德行的行为，总是要看此快乐所普及的人数来决定，如果人数也相等，那么，德行还需看快乐或自然善之量而定。或者说，德行是善的量与享受的人数的乘积。同样，道德的恶或罪，则视不幸的程度以及受损者之数目而定。所以凡产生最大多数之最大幸福的行为，便是最好的行为，反之，便是最坏的行为。"由此看来，功利主义的道德追求是：物质实利是构成个人幸福或不幸的重要标志；只要一个人没有侵犯其他人的利益，社会就无法反对他追名逐利；衡量一个社会道德或不道德的唯一尺度，就是看它是否满足了最大多数人的最大幸福，换言之，功利的实现是一切社会认知以及社会行为的出发点。

毫无疑问，功利主义者都注重效果，他们并不怎么关注人们行为的动机。在他们眼中，动机隐藏在人的内心深处，他人难以对其做出准确的评价。而人的行为以及行为所产生的后果却是客观可见的，他们要么在为自己带来幸福的同时也惠及他人，要么损人利己，要么既损人也害己。总之，对于行为及其后果做出评价是容易的、可行的。如果承认趋利避害、追名逐利等源自于人的天性和本能，那么主要关注和追究后果的善恶，便不啻为一种明智的、可靠的办法。

市场经济的运行机制正好体现了这一原则，即：市场不反对人追求利润，相反，所有进入市场的主体都以赢利为目的。一切美妙诱人的广告宣传、高品位的企业文化精神都不能掩盖这个目的。市场经济推崇功利主义，首肯人追逐利益的正当性。然而功利主义者十分清楚，从理论上说，参与市场经济的不同主体在追求自身利益最大化的途中，难免发生冲突，其中的一部分人可能会不择手段，通过损害他人利益去实现自我利益的最大化。这样的后果显然不符合一个善的社会的目标，即"满足最大多数人的最大利益"这个目标。但是偏偏功利主义者都是效果论者，他们认为，既然从动机上讲每个人都趋利避害，而善与恶只能跟乐与苦相联系，因此评价一个人的"动机的善恶"就是没有意义的，因为不可操作。

当然，对于当前社会的价值混乱和道德下滑的状况，除了市场经济这个主因之外，还有大众传媒、法律制度约束不力等各种原因，由于这些原因大部分是处于市场经济这一主因之下，因此，不作特别列出的探讨。

二、价值重建：针对价值混乱和道德下滑的综合治理

治理道德问题是一个系统工程，仅靠某一方面的努力是远远不够的，必须从公民个人、政府、全社会三个维度同时治理才可能收到较好的效果。

（一）个人治理：建立公民守德的微观机制

社会是由个人组成的，社会道德的堕落是因无数个人不守德而造成的。为什么会出现不守德现象，总而言之，就是个人行为没有受到道德理性的制约。一些人道德理性不强，在利益面前、在他人诱惑下、在艰苦环境里，容易失去道德的操守和其判断标准，做出一些违反道德规范的事情来。因而个人要时时刻刻加强道德理性的培养。

在任何时候，能用理性支配德性，并非易事，要有深厚的道德修养才能做到。要培养自己的善根应从以下几方面入手。

1. 学习科学知识

科学讲究真，道德讲究善，一个人为善就要正直，做到实事求是，言行一致，这就是讲究一个"真"字。从求真的角度来分析，科学与道德是相通的。先进的理论、科学知识，向来都是优良德行的渊源与指南。只有具备了一定知识、一定理智的人，才能正确认识自己的责任与义务，从而确定健康的道德观念，做出有利于社会、有利于他人的道德选择。但是，提高道德水平的学习与业务学习、政治学习都不同。

第一，不能搞突击，而应该作为人们的日常生活的重要内容来开展，把学习道德知识的活动渗透到人们的日常生活中。第二，不能停留在书本上，应该把书本上道德

知识的学习与道德践履相结合，在道德知识的学习方面，要做到知行统一。第三，道德知识的学习，不仅是对小孩的要求，更应该是对大人的要求。绝不能因为某人已长大成人，或已进入老年，就放松学习。因为道德的警钟若不能长鸣，一些人就有可能步入丧德的歧途。而年长者的行为极易成为年轻人或小孩效仿的参照系。

2. 拒绝媚俗

社会道德的败坏不是一天两天造成的，有个漫长的演化过程。若在社会道德变坏的过程中，我们中的每一个公民，不去媚俗，而且坚决地制止和反对违反道德规范的行为，那么，社会道德是不可能变坏的。现在要改变道德状况，还是要依靠大家采取实际行动。只有保证自己不去做违反道德规则的事情，然后敢于制止他人做缺德的事情。只有通过这种办法，才能逐渐改善道德败坏状况。社会公民要做到拒绝媚俗是不容易的。第一，要有摆脱物质利益诱惑的勇气。不义之财，绝不牟取；对于应该得到的物质财富，也要做到"君子爱财，取之有道"，至于当他人牟取了不义之财，自己不能产生羡慕之情，更不能效法，而且敢于批评。第二，要超凡脱俗。在道德修养过程中努力追求高雅的道德境界，在现实生活中带头守德、倡德，成为道德典范。在这个过程中不能怕别人指责，不要怕孤立。第三，要克己修德，严防自纵。克己就是克制和约束自己，严格要求自己。克己修德要有正确的理念、顽强的意志、持久的耐力。

3. 养成日省个人德行的习惯

一个人敢于做出缺德的事，并非一日之变，是平常生活不检点、口是心非等不良习惯积累而成的。所以，要对损德行为做到防微杜渐，对于危险的苗头，要赶快消灭在心中；二是要见微知著，对于失德行为要自我检讨，要扪心自问。只有这样才会改正自己的失误；三是在心理回观周围其他人的所作所为，看看哪些人日行善行，自己应该如何向他学习；看看哪些人做了缺德事，自己又如何引以为戒。

（二）执政者治理：建立公民守德的宏观机制

执政者是社会运行的引导者，在改善道德状况方面有其他社会群体无法比拟的特殊作用。我党采取德法兼治的治国措施，已把道德建设纳入社会发展的重要范围，对改善当前的道德状况非常有利。根据我国目前的道德状况，站在执政者角度来看，应该抓好如下几方面的工作。

1. 建立公民守德的经济机制

人的道德觉悟、道德素质的提高，虽然不会随着人的文化素质的提高而自然地实现，但在今天的社会环境里，却以文化素质的相应提高为基础。所以，要提高人的道德素质，就要大力发展经济，以此来促进文化教育事业的发展和人的文化素质的提高。经济的发展，经济实力的增强，还能为加强思想道德建设提供必要的物力财力。此外深化经济体制改革，尽快完善市场规则、建立市场监管和调控体系，使人们的经济交往行为朝着守德方向发展。

2. 净化公民守德的社会环境

自古以来，守德与损德是道德生活中的一对矛盾，任何社会都存在不利于道德完善的社会环境，要改善道德状况就应该对这些社会因素进行整治。国家和政府可以利用特有的权威和国家机器对一切不利于道德水平提高的社会设施和社会现象进行清理，制定统一的行为规范和操作办法，并加强监管，对于违反规定和道德规范的社会单位进行严肃处理。而且这种工作应该常抓不懈，才能收到净化守德环境的效果。

3. 利用国家宣传系统制造强大的守德舆论

我国具有在全国制造强大的守德舆论的独特条件，有国家垄断经营广播、电视、出版、期刊、新闻报纸等传媒产业，并有专门的管理机构和意识形态管理政策来监管这些部门的经营。首先，要利用这些宣传工具对各种缺德、损德行为进行曝光，并发表对这种行为的社会评价，对其他人形成警戒作用。其次，大力地、频繁地报道好人好事，并给予这些人以精神奖励。第三，经常性地发布社会公德、职业道德、公民道德规范，提醒人们要做守德之人。

4. 加快政治体制改革

（1）加快干部人事制度的改革和民主政治的进程，形成科学合理的干部选拔、任命、升迁机制和民主监督机制，从制度上铲除党内和政府机关内腐败的根源，实现党风和社会风气的根本好转，为提高人的道德素质创造一个良好的社会环境。

（2）从严治党，把党的建设纳入制度化、法制化的轨道。

（3）建立内部和外部约束机制，把各种权力的行使置于法律、政策等规范、制度之下，接受群众公开监督，规范权力运行，控制权利越轨。

5. 建立以法辅德的社会运行机制

道德与法律虽然有着严格的界限，但两者作为社会调控手段却存在深刻的一致性。在当代，道德建设必须辅之以法律手段。法律中所包含的强制性、责任性的信息给人们的道德行为以启示、威慑和教育作用，使许多人的社会行为朝着符合道德规范方向发展。

6. 加强和改进道德教育

道德教育是道德建设的重要环节，只有把社会的主流道德要求变成每个人的道德自觉，才能治理好道德问题。

（三）社区治理：建立公民守德的中观机制

社区是具体而微的社会，是在一定地域内，按一定的社会制度和社会关系组织起来的，具有共同人口特征的社会生活共同体。社区治理道德问题具有一定的优势，相对个人治理而言，它拥有一定的社会舆论压力和社会评价机制；相对社会治理而言，它具有实际的直接管理的功效，社会治理的落实实际上要有社区或社区内的社会组织负责。社区治理道德问题的具体任务主要集中在如下几方面。

1. 培养人生价值观

任何人的行为都是受自己的价值观支配的。人生价值观决定着人们的社会行为是否符合社会道德规范。所以培养正确的人生价值观是彻底治理道德问题的根本措施。

2. 宣传和进行职业道德教育

职业道德可以由政府的相关部门进行教育，但由于各单位是地域性的，采取属地原则开展职业道德教育的效果会更好。因为社区是熟人社会，各单位对外服务的态度好坏、经营行为如何，由社区来评价具有更强的社会监督力和社会舆论压力。

3. 推广守德家长制

家长是一个家庭的核心人物，对一家人的道德培养、道德操守等道德生活的各方面都有监管义务。首先，自己要做到身正为范，时时刻刻为家人做道德的榜样；其次，要担负起一家人的道德修养的责任，要对家人守德状况负责。若从人人做起、家家做起，道德状况会较快改观。

总之，治理道德问题，要从每个人、每个社区、整个社会三个层次着手，层层行动、层层落实、层层相扣，形成一个全方位的治德网络，不给不法之徒、损德之人留下任何活动的空间和机会，改善我国当前的道德状况指日可待。

第二节 高校学生思想政治教育与载体

思想政治教育过程是思想政治教育者（主体）通过某种形式、手段向思想政治教育对象（客体）传输符合我国社会发展要求的思想观念、政治观点、道德规范等，使教育对象具备社会所要求的思想品德的过程。在这个过程中，主客体之间是通过一定形式、手段联系起来的。思想政治教育的形式和手段很多，我们把其中承载并能传递思想政治教育的内容或信息的形式称为思想政治教育载体。如开会、办研讨班、管理工作、文化建设、大众传媒等，都可以成为思想政治教育的载体。教育者和受教育者正是借助这些形式进行双边互动活动，从而达到一定的教育目的。

一、思想政治教育载体的含义

思想政治教育总是要通过一定载体进行。在实际工作中，思想政治教育者都会自觉不自觉地用到载体，但并不是每一个教育者对载体都有明确认识。这是因为目前对思想政治教育载体的理论研究还比较薄弱，突出地表现在对其内涵的把握不够科学，以及相应地对具体载体的划分不够合理。笔者认为，作为思想政治教育的载体，必须同时满足下列两个基本条件：

第一，必须承载思想政治教育信息，并能为思想政治教育者所操作。开会、办研讨班、各种活动等之所以被我们看作是思想政治教育载体，是因为它们能承载并传递思想政治教育内容或信息。事实上，它们也在这个意义上经常为思想政治教育所运用。从这个角度看，把社会环境作为思想政治教育的载体是不恰当的。环境因素非常复杂，有些因素能承载并传递思想政治教育的信息，且易于操作，可作为载体运用，有些因素则难以作这样的运用，因而不能作为教育载体。换言之，思想政治教育的载体与环境因素是可以交叉的，如文化、大众传媒，既是社会环境的重要因素，又可作为思想政治教育的载体加以运用；而当我们从特定角度研究问题或开展工作时，它们的归属又是明确的。但很多环境因素则不能作如是观，它们不符合这里提出的条件。因此，笼统地说社会环境是思想政治教育的载体既不符合实际，又把思想政治教育的载体与环境相混同了。

第二，必须是联系主客体的一种形式，主客体可借助这种形式发生互动。前述开会、办研讨班、文化建设等都具有这种特征。从这个意义上讲，党组织、工会、共青团以及企业班组等都不是思想政治教育载体，只是主体，而党团活动、工会活动则可以成为思想政治教育载体。把党组织等看作是思想政治教育载体，就会把教育主体和载体混为一谈；这就如同把思想政治教育载体和社会环境混同一样，是一种把思想政治教育载体泛化的倾向，会导致认识上的混乱，实际工作中的随意性。此外，人格、典型、实事显然不能同时满足上述两个条件，不能看作是教育载体。总之，只有同时具备上述两个基本特征的形式，才能将其看作是思想政治教育载体，也才能加以恰当地运用，而不能同时满足上述两个条件的，则不能看作是思想政治教育载体，应作为另外的范畴加以讨论。

二、思想政治教育载体与思想政治教育社会化

思想政治教育的载体并不是固定不变的。随着社会历史条件的变化和思想政治教育的发展，思想政治教育的载体也必然发生变化：原有的载体可能不适用或不够用，适应新情况的新载体在不断出现并要求我们很好地去运用它；各种载体对思想政治教育的重要性也会发生变化；等等。教育者应敏锐地注意到这种变化，及时地对思想政治教育载体的运用做出调整，善于恰当地运用各种载体尤其是与新情况相适应的载体，以增强思想政治教育的有效性。

思想政治教育在过去运用得比较多的载体如政治学习、开会、办学习班、作大报告、搞政治运动、群众运动等，多是与计划经济体制，与相对封闭的社会文化环境，与"以阶级斗争为纲"的政治路线相适应的。党的十一届三中全会以后，我们已经废止"以阶级斗争为纲"，把工作重点转移到经济建设上来，不再搞政治运动了，思想政治教育当然不能也不宜以此为载体了。改革开放以来的经济体制改革尤其是社会主义市场经济建设改变了过去那种绝大多数人都被组织在全民所有制和集体所有制的企事业单位的格局，出现了外资企业、中外合资企业、私营企业以及大量的个体工商户等多种经济成分；国有企业和集体企业出现的大量下岗职工以及数以千万计的农民的

流动，使他们与原有的社会组织的联系松散化，而又未完全融入新的社会组织体系之中；全方位开放的社会环境，使人们可以从更广阔的社会领域获得各种信息，包括思想政治信息，人们的思想显然更复杂了。这种种因素，导致思想政治教育出现了明显的社会化的趋向。

在这种情况下，原来行之有效的开会、办班等思想政治教育的载体就显得不够用或不完全适用了。例如，对国有企业职工、学校学生，仅仅运用开会、办班这样的载体进行思想政治教育，其局限性就很明显；至于对个体户、下岗职工、流动农民则很难采取开会、办班等形式进行经常性的思想政治教育。因而需要创造覆盖面广的新载体如文化载体、大众传媒载体、活动载体以及管理载体等，以适应思想政治教育社会化的需要，增强思想政治教育的吸引力、渗透力。而大众传媒的蓬勃发展、文化建设的空前兴旺以及全体社会成员文化素质的普遍提高，又为思想政治教育运用这些载体提供了条件。因此，要做好市场经济条件下的思想政治工作，除了继续运用开会、办学习班、党团活动等载体以外，还应特别注意运用文化、管理、活动、大众传媒等新载体，充分发挥这些载体的思想政治教育作用。

思想政治教育的基本载体包括开会、办学习（读书）班、党团活动等传统的载体，也包括近几年为思想政治教育所运用的管理、文化活动、大众传媒等新载体。思想政治教育对传统载体的运用已积累了很多经验，认识也较一致，这里不再展开论述，拟着重就近几年出现的新载体的内涵、特征、作用以及如何发挥它们的作用做些讨论。

三、思想政治教育的基本载体

（一）管理载体

以管理为载体，就是将思想政治教育内容渗透到管理活动中，渗透到人们的具体工作之中，以达到提高人们的思想道德素质、规范人们的行为、调动人们的工作、学习、生产积极性的目的。

管理是一种遍及社会生活各个领域的基本活动。从宏观上讲，它包括国家的行政管理、人事管理、经济管理、教育科学文化、卫生体育事业的管理等；从微观上讲，它包括遍及所有行业的难以计数的大大小小的社会组织的管理，如企业管理、学校管理、医院管理等。思想政治教育具有广泛的社会性，它所运用的载体也必须具有广泛的覆盖面，这样才能有效地对广大社会成员进行思想政治教育。

管理活动正好具备了思想政治教育载体的这一要求，它的普遍性为思想政治教育利用其作为载体提供了外在条件。同时，管理活动的基本内容虽然是协调社会（组织）内部的人力、物力和环境之间的关系，但其实质是调适人与人之间的关系，调动人的积极性，从而达到一定的目标。思想政治教育的一个重要任务，也是要理顺人们之间的关系，充分发挥广大群众的积极性。在这一点上，管理和思想政治教育有很高的契合度。管理活动以人为本的实质为思想政治教育利用其作为载体提供了内在根据。由此可见，将管理作为具有广泛群众性的思想政治教育载体是完全可行的。

在市场经济条件下，运用管理载体对人们进行思想政治教育不仅是可行的，而且还具有其他载体不可替代的重要作用。

第一，有利于更好地把思想政治教育与经济、业务工作结合起来。思想政治教育与经济、业务工作相结合，是思想政治教育的重要原则和优良传统。而以管理为载体便是把两者结合在一起的最佳选择。

一方面，管理活动是提高经济、业务工作效益的至关重要的一环，而管理要达到这样的效果，就离不开思想政治教育。在管理过程中，经济手段、行政手段乃至法律手段的运用，都需要思想政治教育手段的密切配合。如果思想政治教育搞得好，人们对管理手段就会产生认同感，自觉遵守政策、法规、制度、纪律，从而使经济、业务工作秩序井然，顺利进行。如果忽视了思想政治教育，人们认识不到政策、法规、制度、纪律的正确性、合理性、必要性，那么，这些管理手段就有可能流于形式，得不到切实地贯彻落实，管理的作用也就无从实现。可见，在管理活动中坚持思想政治教育，是使管理活动顺利而有效进行的客观要求。

另一方面，思想政治教育也需要管理的支持。这不仅是因为有效的管理是思想政治教育的重要基础，如果一个社会或单位管理混乱，人们的思想问题就会层出不穷，思想政治教育在这样的氛围中就很难产生良好的效果；而且也因为只有通过管理这个环节，思想政治教育才能更好地渗透到经济、业务工作实践中，切实促进经济、业务工作的发展。总之，思想政治教育与管理工作的关系，犹如车之两轮、鸟之双翼，合则双美，离则两伤。以管理为载体能够有效地克服过去那种思想政治教育与经济、业务工作相脱节的"两张皮"现象，使思想政治教育更好地结合着经济、业务工作一道去做，更好地为经济建设服务。

第二，有利于对人们进行深入细致的思想政治教育，更好地提高思想政治教育的效果。以管理为载体，可以使思想政治教育更深入、更贴近人们的思想实际。例如，在管理要求人们遵守规章制度、严守劳动纪律的同时，如果辅之以爱岗敬业的职业道德教育、遵纪守法的法制观教育，就能更好地引导人们把管理要求的各种规范以及相应的观念内化，使人们把管理要求他所做的被动行动升华到自觉去做的境界。这样，职业道德教育、法制教育就落到了实处。同时，以管理为载体，可以及时有效地解决人们的各种思想认识问题。人的一生有很大一部分是在职业工作中度过的，人们在具体的经济、业务工作中产生的思想认识问题最多、最复杂，思想政治教育所要解决的思想认识问题大量的也是这一类在工作中产生的问题。而人们在工作中产生的各种思想认识问题往往首先反映在管理的过程中。以管理为载体，就能及时发现各种思想认识问题，实事求是地分析它们产生的原因，并采取措施予以解决，从而提高人们的思想认识水平，提高人们的积极性，为管理工作的顺利进行提供思想基础。如果等到问题成堆才为我们所发现，才去做思想政治工作，就有可能错过解决问题的最佳时机，降低思想政治教育的效果。

近几年，许多地方及部门尤其是企业的思想政治教育领导，运用管理载体进行思想政治教育，取得了一定成效。但也应看到，在思想政治教育中对管理载体的运用还是不够的，运用中也还存在一些问题。在此情况下，应进一步加强对管理载体及其运用的研究，必须充分发挥其思想政治教育功能。这是个大题目，需要做深入研究，这里仅就如何运用管理载体说几点意见。

首先，要提高思想政治教育者运用管理载体的自觉性。管理能否作为思想政治教育的载体？管理载体有什么作用？这是每一个思想政治教育者尤其是领导者都应弄清的问题。如前所述，管理活动的普遍性以及它所内含的某些思想政治教育功用，使它能够作为思想政治教育载体被我们所运用，并且能起到其他载体不可能起到的重要作用。只有对此有明确认识，才能自觉将管理作为思想政治教育载体予以运用，使之发挥更大作用。如果认识模糊，就很难自觉地去运用管理载体，即使运用，也很难有理想的效果。

当前，管理载体运用中的一些问题以及对其运用的局限性都与认识模糊有关。例如，由于对管理载体的普遍性认识不足，致使目前对管理载体的运用主要集中在企业思想政治教育中，国有企业把思想政治工作看作是现代企业管理的重要组成部分，创造了"双文明工作法"等经验，而在其他领域运用则较少。其实，不仅企业的思想政治教育可借助企业管理进行，其他行业的思想政治教育也可借助于相应的管理进行，对干部的思想政治教育可借助于人事及行政管理进行，对学生的教育可借助于教学管理进行，等等。

不仅如此，对某部分人如个体工商户借助于管理进行思想政治教育还是一种较好选择。对个体户的思想政治教育是改革开放以来思想政治教育的一个新领域，也是一个薄弱环节。对其进行思想政治教育的困难之一在于过去没有找到一种适合个体户特点的教育形式，因而其思想政治教育长期处于一种"粗放"状态。如果拓宽思路，将思想政治教育渗透到工商管理中，就能有效地解决这种困难，使个体户的思想政治教育得以加强。部分地区的实践表明，以工商管理为载体，在对个体户的经营行为用法纪以及经济手段加以约束的同时，进行经常性的爱国主义教育、改革开放的教育、职业道德教育、法制教育等，是逐步提高他们的思想道德素质以及社会文明程度的行之有效的途径。

由此可见，只有提高思想政治教育者对管理载体的认识及运用管理载体的自觉性，才能使管理载体得到普遍的恰当的运用，充分发挥其承载和传递思想政治教育内容的作用。

其次，提高管理人员的思想政治素质和思想政治意识，使其承担一部分思想政治教育职能。要用好管理载体，充分发挥其教育功能，仅靠思想政治教育者的努力是不够的，还需要广大的管理人员也来做思想政治工作，即在管理中融进思想政治教育内容，运用思想政治教育方法。而如果管理人员自身的思想政治素质不高，他就难以履行思想政治教育职能；如果缺乏思想政治教育意识，他就不会在管理中融进思想政治教育内容。因此，提高管理人员的思想政治素质以及思想政治教育意识，是用好管理载体的一个基本性的工作。这一工作有多方面的内容，其中很重要的一点就是要帮助管理人员克服那种把思想政治教育和管理分离开来的糊涂认识。

许多管理者认为，思想政治教育仅仅是思想政治教育者的事，管理人员只需管好自己的业务。这是一种囿于分工所造成的片面认识。实际上，任何工作都离不开思想政治教育，因为任何工作都是人做的，要做好工作，就要发挥人的积极性、主动性、创造性，而调动人的积极性，除了其他手段以外，思想政治教育是不可缺少的重要手段；同时，在做工作的过程中，人们不可避免地会产生这样或者那样的思想问题，不解决这些问题，工作就会受到影响。管理当然也不例外，只有切实调动人们的积极性，适时解决各种思想认识问题，管理才能有效。这就决定了在管理中要渗透思想政治教育内容，运用思想政治教育手段。可见，管理和思想政治教育是互相联系和互相作用的。管理人员对此要有明确认识，把二者紧密联系起来，自觉承担一部分思想政治教育职能。在制定和实行"岗位责任制"的时候，主管部门要大力推行和落实"一岗两责"。这既是管理工作的内在需要，也是"以管理为载体"内容的一部分。

再次，促进管理水平的提高，为思想政治教育创造良好的环境。思想政治教育要以管理为载体，就要努力促进全社会各项管理工作水平的提高。这是因为管理水平的高下，对思想政治教育有着重要影响。科学规范的管理可以起到理顺关系、化解矛盾，从而使一个地区或单位的活动有序化的作用，这就在客观上为思想政治教育创造了一个良好的环境，有利于人们良好行为习惯的养成。

相反，如果管理乱糟糟，由各种实际问题引起的思想问题必然层出不穷，这就增加了思想政治教育的难度。无怪乎有人说"科学的、民主的、公平的、规范的管理，本身也是一种思想政治教育"。这当然是在一定意义上讲的，但它也说明管理水平的高低对思想政治教育具有非常重要的意义。因此，思想政治教育者应积极支持各级管理人员大胆管理，并主动参与管理过程，包括参与制定规章制度、宣传规章制度、督促规章制度的执行、协调各种关系等，努力促进管理水平的提高。这也是以管理为载体的题中应有之义。

（二）文化载体

文化是一个有着多重含义的复杂概念。广义地说，文化是指人类不断创造和积累起来的物质财富和精神财富的总和，涵盖除自然生成物之外的一切社会事物；狭义地说，文化则是指语言、科学知识、文学艺术及一切意识形态在内的精神产品。文化既是一定时代一定社会的产物，又是一个连续不断的动态过程。所谓以文化为载体，就是将文化看作是一个动态过程，把思想政治教育的内容寓于文化建设之中。这里的"文化"主要是指狭义的文化，在很多时候也涉及广义的文化。

一般认为，文化主要由符号和语言、价值观、规范、物质产品等因素构成，其中，价值观及其具体化的规范是文化的核心。思想政治教育的基本任务正是要向人们传输符合我国社会发展要求的价值观以及相应的法律、道德规范等，以使人们的思想和行为向着社会要求的方向发展。可见，文化本来就蕴含着大量的思想政治教育内容并潜移默化地影响着人们。只不过我们过去对文化载体缺乏自觉地运用，文化载体的思想政治教育功能未能得到充分发挥。进入 20 世纪 90 年代以来，随着社会环境的巨大变化，思想政治教育者逐渐认识到文化载体的重要作用，比较自觉地运用这一载体开展思想政治教育。党中央也非常重视文化建设，十四大报告强调要搞好社区文化、村镇文化、企业文化、校园文化的建设；十五大报告又从社会主义初级阶段党的基本纲领的高度，论述了有中国特色社会主义文化建设的问题。按照党中央的要求，运用好文化载体，是社会主义市场经济条件下加强和改进思想政治教育的重要措施。

运用好文化载体，首先是要正确认识文化的思想政治教育功用。如前所述，文化本身就蕴含着大量的思想政治教育信息，它对人的影响本来就包含着思想政治方面的影响，具备作为思想政治教育载体的内在特质。同时，文化遍及社会生活的各个领域，无所不在，无处不有；文化的这种普遍性特征为思想政治教育利用它作为具有广泛群众性的载体提供了条件。文化的这些特质，决定了它能够作为思想政治教育的载体被我们所运用，也决定了它具有较强的思想政治教育功用。

第一，以文化为载体，有利于增强思想政治教育的吸引力、渗透力，有利于思想政治教育作用的广泛实现。如何提高思想政治教育的吸引力、有效性，是思想政治教育理论和实践的一个重要课题。以文化为载体，从一个方面为解决这一问题提供了答案。文化具有渗透性强、影响持久以及形象、生动、直观等特点。将思想政治教育的内容寓于文化建设之中，会使思想政治教育更生动活泼，更具有吸引力，更容易为人们所接受；同时，思想政治教育就能更好地产生"润物细无声"的作用，使人们在不知不觉中受到其内容的熏染。那些蕴含丰富的思想政治教育内容的优秀文艺作品对人们强烈而持久的吸引力，以及对提高人们的人文素质和思想道德面貌的深远影响说明了这一点。此外，文化的覆盖面广，影响到每一个人；以文化为载体，就能扩大思想政治教育的影响，使其作用在最大范围内得到全面实现。

第二，以文化为载体，有利于全面提高人们的思想道德素质和科学文化素质。人的素质包括思想道德素质和科学文化素质的全面提高是思想政治教育的根本目的。文化载体为实现这一目的提供了有效途径。文化对人的影响具有全面性，既包括科学知识、专业技能的影响，又包括思想观念、道德规范等的影响，两者的影响交融互摄、密切联系在一起。将文化作为思想政治教育载体，就是要充分发挥文化对人的这种全面影响，即在通过各种文化活动，增进人们的文化科学知识，提高人们的专业技能的同时，充分发挥文化内涵的思想政治教育资源，并赋予新的时代内容，以此去潜移默化地感染人、影响人，从而促进人们把社会所需求的思想观念、道德规范、政治观点内化为自己的品德素质。由此可见，文化载体能满足人们全面发展的多方面需要，是把思想道德素质的养成和科学文化素养的培养有机结合起来的较好的有效的途径。

第三，以文化为载体，有利于形成与社会主义现代化相适应的全民一致的价值观。引导人们树立正确的价值观，进而在全社会形成符合现代化要求的大体一致的价值观，是市场经济条件下思想政治教育的基本任务。以文化为载体，是完成这一任务的重要环节。因为任何文化其核心都是一定的价值观，而就心理机制而言，文化可以看作是一定群体所形成的共同的心理程序，即群体成员对一定社会刺激产生的类似反应。例如，在特定社会里，为文化所否定的事物和行为，必定为大多数人所鄙弃；被文化所肯定的事物和行为，则会为大多数社会成员所追求。文化的这种机理对于形成全社会共同的价值观是有利的。思想政治教育应充分利用这种机理，将社会主义现代化所要求的价值观融入文化活动中，使人们经过文化的熏染，在社会生活的基本方面形成大体一致的价值观。文化载体在这方面的作用是其他载体不可比拟的。

文化载体的思想政治教育作用是多方面的，仅从以上几个方面就可以看出，它在思想政治教育中的作用是不可替代的。正确认识文化的思想政治教育功用，是运用好文化载体的前提。

运用好文化载体，关键是要加强文化建设。文化的内容是庞杂的，对人的影响也是复杂的。把文化作为思想政治教育载体，就是要发掘文化内涵的思想政治教育资源并赋予时代的意义，同时将思想政治教育的新内容渗透到文化中，从而使文化对人产生积极影响。为此，就必须大力加强文化建设。

首先，是要保证文化建设的社会主义性质，充分发挥文化载体培养"四有"新人的作用。文化建设的性质最终是由思想建设的内容所决定的。因而在我国的文化建设中，必须坚持马克思主义的指导地位，坚决贯彻执行党的路线、方针、政策，以确保文化建设的社会主义方向，更好地为现代化服务，为培养社会主义新人服务。

其次，是要大力发展教育、科学、文学艺术、新闻出版、广播电视、卫生体育、图书馆、博物馆等文化事业，提高我国文化建设的水平，满足人民群众日益增长的精神文化需求。教育科学、文学艺术等各项文化事业具有广泛的群众性，直接影响到人们的思想道德素质和科学文化素质。只有在大力发展生产力的同时积极发展各项文化事业并不断提高其水平，提高其覆盖面、影响力，渗透于其中的思想政治教育的内容才能更广泛更有效地影响人。相反，如果文化事业发展缓慢，水平低下，就很难满足人们的精神文化需求，文化载体的思想政治教育功能就难以实现。可见，努力发展各项文化事业，是加强文化建设的重要内容，也是运用好文化载体的内在需求。

再次，是要建设好社区文化、村镇文化、企业文化、校园文化、军营文化以至家庭文化，借助于这些载体，把思想政治教育落实到城乡基层。在我国社会中，全体人民共同奉行并占主导地位的社会主义文化既通过教育、科学、文学艺术、新闻出版等文化事业表现出来，又通过林林总总的群体文化如社区文化等表现出来。这些群体文化既包括社会主义文化中的基本内容，如马克思主义思想体系，共产主义信仰，社会主义法律、道德等，又包括各种群体独特的价值标准、规范和生活方式，如社区文化中的习俗、人们的社区意识，村镇文化中的乡规民约，企业文化中的企业目标、企业精神，校园文化中的校规、校纪、校风等。群体文化对生活于其中的人们有着直接的深刻的影响，对与其有着这样或者那样联系的人们也有着某种程度的影响。

只有建设好群体文化，即在城市建设好社区文化，在农村建设好村镇文化，在企业建设好企业文化，在学校建设好校园文化，等等，使其形式多样，生动活泼，为人民群众喜闻乐见，寓于其中的思想政治教育的内容才能更好地为人们所接受。因此，建设好社区文化、村镇文化、企业文化、校园文化，是加强市场经济条件下文化建设的重要任务，也是以文化为载体的必然要求。

总之，加强文化建设，使各项文化事业和各种群体文化处于良性互动之中，是思想政治教育充分运用文化载体的前提，也是运用好文化载体的至关重要的一环。有鉴于此，思想政治教育应充分发挥自己的优势，努力促进文化建设的发展，使思想政治教育与文化建设处于良性互动之中。

（三）活动载体

以活动为载体，就是有意识地开展各种活动，将思想政治教育的内容寓于活动之中，使人们在活动的过程中受到教育，提高觉悟。

人类的活动是多方面的，包括经济、政治、军事、教育、科技活动等，这些活动多属于人们的职业活动。这里所说的作为思想政治教育载体的活动则主要是指这些职业活动以外的一般社会活动，如文化活动、社会服务活动、社会调查活动、参观访问活动、各种群众性的精神文明创建活动等，当然也包括围绕经济、业务工作开展的各种有益活动。人们在社会生活中，除了参加职业活动以外，也还要参加大量的其他的社会活动，以满足精神生活的需要。随着社会的发展，人们闲暇时间的逐渐增多，职业活动以外的社会活动越来越丰富多彩，对于人们的生活也越来越重要。这种情况既要求思想政治教育者必须重视各种群众性活动的开展，善于寓教于活动之中，学会运用活动载体开展广泛的教育活动，又为思想政治教育运用活动载体创造了有利的条件。

选择活动为载体是对思想政治教育优良传统的继承和发展。通过各种活动对人们进行思想政治教育，是党的思想政治教育的好传统。二十世纪五六十年代的学雷锋、学王杰、学焦裕禄等活动，在提高人们的思想道德素质方面，曾产生过广泛而深远的影响；日常思想政治教育中的"寓教于乐"，即通过各种文体活动开展思想政治教育，同样产生了很好的效果。然而过去的做法主要是经验型的，对活动方式的运用也主要限于文体活动及学英雄模范人物活动。而新时期思想政治教育对活动载体的运用，既继承了二十世纪五六十年代思想政治教育的好传统，又有了新的发展。这主要表现在，在理论上明确提出以活动为载体，并对活动载体的特征、作用等进行了初步研究；在实践上，除上述活动形式外，更创造了大量的新的群众性精神文明创建活动形式，如"为您服务"活动、"十星文明户"活动、"讲文明，树新风"活动、"五好家庭户"活动、"青年文明号"活动等。这些活动有很多本身就是作为思想政治教育的活动开展起来的，有明确的思想政治教育目的，蕴含着丰富的思想政治教育信息。由此可见，新时期思想政治教育的活动载体无论是内容还是形式都比过去大大扩展了。

选择活动为载体也是思想政治教育的内在要求。思想政治教育要培养人们具备良好的思想品德并促使人们将其外化为相应的行为，而良好的思想品德只有通过教育并在社会实践活动中才能得以形成和巩固，符合社会规范的行为也只有通过社会实践活动才能得以表现。思想政治教育的过程及结果都离不开实践活动，这是思想政治教育的特点所在。而各行各业的业务活动以外的其他社会活动是人们社会实践活动的重要内容，以这些活动为载体，即积极组织和引导人们参加各种社会活动，使人们在活动中逐渐提高思想道德素质，是促使思想政治教育顺利进行并取得较好效果的内在需要。

选择活动为载体还是提高思想政治教育有效性的要求。活动载体在发挥思想政治教育作用方面有它独有的特征：

其一，活动载体能够较好地使思想政治教育内容被人们潜移默化地接受。各种活动生动活泼，形式多样，丰富多彩，能吸引人们自愿参加其中。将思想政治教育内容渗透到活动中，人们就能在不知不觉中受到教育，其思想道德素质的提高就会呈现潜滋暗长的态势。这种效果正是思想政治教育所要追求的较理想的效果。

其二，活动载体能较好地实现教育与自我教育的统一。教育与自我教育是思想政治教育过程同时并存的两种活动，只有把这两者协调统一起来，思想政治教育才能取得较好效果。活动载体就是实现二者统一的重要形式。把思想政治教育的内容有机地融入活动中，并积极组织广大群众参加各种活动，这是教育的过程；而群众在活动的过程中，在受到感染、不知不觉地接受教育的同时，又会自我鉴别、比较、判断、取舍，从而提高认识，使自己的思想品德向社会要求的方向发展，这又是自我教育的过程。在活动中，教育与自我教育有机地统一在一起。

其三，以活动为载体在一定意义上使思想政治教育客体主体化，扩大了思想政治教育面。参加各种活动的广大群众相对于思想政治教育者来说是受教育者——思想政治教育的客体。他们在受到教育，使自己的思想道德素质提高的同时，又以自己的活动在感染着、教育着未直接参加活动的众多的人，影响着、改变着社会风气。这样，他们又在某种程度上扮演了教育者的角色，使教育面大大扩展。例如，"青年文明号""爱心社""青年志愿者"一类活动，无疑会使千千万万的参加者行为得到规范，文明程度得到提高，为人民服务的意识得到加强，同时，他们的优质文明服务，又会把社会主义精神文明带给更多的人，使广大群众通过他们的服务活动受到感染，言行举止趋向文明化，社会风气也得以改善。

要用好活动载体，充分发挥其思想政治教育功能，必须做到：

1. 加强对各种活动的指导，组织好各种活动

活动如果组织得不好，就难以产生预期的效果，思想政治教育的功能就难以实现。因而应加强对活动的指导与组织。思想政治教育者要提高认识，把各种活动的开展纳入思想政治教育范畴；要指定专人筹划组织各种活动，对群众自发性的文体活动也要加以引导；要在经费、场地、设施等方面为活动的开展创造条件。只有这样，活动才能正常有序地进行，也才能充分发挥活动的思想政治教育载体的作用。

2. 各项活动都应有明确的目的性

这是指思想政治教育在以活动为载体时，对每一项活动达到什么目的都要明确规定。目的明确，通过活动进行的思想政治教育才能产生好的效果。许多农村地区开展的"五好家庭户"活动、"十星文明户"活动，之所以能取得较好的思想政治教育效益，一个重要的原因就是这些活动的目的非常明确，且可以分解成一些具体目标，这就为激发广大农民参加这些活动提供了动力。

3. 尽可能将活动与经济建设等业务工作联系起来

以经济建设为中心，要求思想政治教育者在开展活动时，要注意与经济建设以及其他业务工作联系起来，通过活动，调动人们的积极性，促进生产和工作的顺利进行。许多事实表明，这样做不仅必要，而且可能。如一些企业开展的劳动竞赛活动、双增双节活动、技术练兵比武活动、合理化建议和技术革新活动、民主管理活动等，都取得了很好的效果，既直接促进了生产的发展，又使职工受到主人翁意识、敬业精神等方面的教育。其他如最佳营业员评选活动、最佳出租车司机评选活动、十佳公仆评选活动等，都产生了较好的经济效益和广泛的社会效益。

4. 活动应因地制宜，丰富多彩，具有吸引力

各地、各部门、各单位的情况不一样，条件也有差异，在开展活动时，一定要从实际出发，切不可不顾具体情况，别人搞什么活动，我也搞什么活动。此外，不论是什么活动，都应力求形式多样，搞出特色来，以吸引更多的人参与。

5. 活动应讲求实效，不可太多太滥

开展活动，是要达到一定的效益，而不是做给领导或其他人看的。同时，活动应有阶段，有节奏，一个活动的目的基本达到以后，再开展一个新的活动，切不可一哄

而上。过多过滥的活动会使得人们"消化"不良，甚至使人们产生厌烦情绪，从而使活动的效果大打折扣。这是有很多教训的，应引起思想政治教育者特别注意。总之，注意到上述各点，把各项活动组织好，使之正常有序、生动活泼地进行，是以活动为载体的基本要求，也是充分发挥活动载体的思想政治功用的重要保证。

（四）大众传媒载体

大众传媒是指多种形式的通讯手段，包括报纸、杂志、书籍、广播、电视、电影、录音、录像、电脑等工具。以大众传播媒介为载体，就是指通过上述各种传播工具，向广大人民群众传输思想政治教育内容，使人民群众在接受广泛的社会信息的同时，接受思想政治教育。

大众传媒的这种发展为日益社会化的思想政治教育以其为载体提供了科技的条件和物质的基础。同时也要求思想政治教育必须以此为载体，对人民群众进行广泛的宣传教育工作。如果不充分利用这一影响极大的载体，思想政治教育的影响力就会受到很大限制，那将是当代思想政治教育的一大缺憾。利用大众传媒进行思想政治教育，有两大优点：

一是能最大限度地扩大思想政治教育的覆盖面。如前所述，大众传媒渠道多，覆盖面广，深入社会的每个角落，影响到每一个人。现代社会中的人们借助不同类型的大众传媒获得跨越家庭、学校、工作团体、社区乃至国界的各种信息，传媒传播的各种价值观念、思想观点、社会规范等，使人的精神世界受到极大的影响。可以不夸张地说，现代社会中每一个人的思想品德的形成和发展几乎都不能摆脱传媒的作用。因此，通过大众传媒如报纸、期刊、广播、电视等进行思想政治教育，就能广泛地作用于社会的各个阶级、阶层、各种利益群体乃至每一个人，使思想政治教育真正具有全民性。

二是能提高思想政治教育的时效。大众传媒与社会生活联系密切，能迅速及时地反映社会生活。这一特点由于电子媒介的发展，变得更加突出。电视、广播等电子媒介的使用，使传媒对社会生活的反映更加快捷，甚至同步化并且不受时空的限制。互联网的发展，更使得"地球变小了"，世界犹如一个"地球村"。这就使我们有可能利用它们及时地进行思想政治教育，使其作用很快体现出来。例如，现场直播江泽民同志在十五大上的报告，就使广大群众及时了解到十五大精神，及时了解到党对我国政治、经济、文化等方面的建设以及党自身的组织、作风建设的新的战略部署，明确了世纪之交我们的前进方向。这一现场直播无疑是一次成功的宏观思想政治教育，其效果非常明显。大众传媒的这些优点，表明它是现代化建设和市场经济条件下思想政治教育的优良载体。我们应努力用好这一现代载体，充分发挥它在思想政治教育中的积极作用。通过大众传媒对人民群众进行思想政治教育具有多方面意义，其中下述两点尤其明显。

第一，能直接促进社会主义精神文明的建设，促进全国人民建立共同的理想。一位美国学者曾经说过，传播媒介可以用一国的生活思想规范教导人民，可以提供一个团结全民的场合，得到举国的政治一致。这一点在我国表现得尤其突出。我国是社会主义国家，大众传媒从根本上反映了人民的利益和愿望，直接传达党和政府的声音。它的一个重要任务，就是要向人民群众宣传马列主义、毛泽东思想、邓小平理论，宣传党的路线、方针、政策，宣传共产主义、社会主义思想，宣传代表时代精神的新人新事。大众传媒的这种广泛、深入、持久的宣传教育，对于提高社会主义精神文明的水平，提高全体人民的思想道德水平，使全体人民建立起实现社会主义现代化的共同理想具有重要作用。

第二，能够有力地促进社会风气的好转，为思想政治教育创设良好的社会环境。通过大众传播媒介宣传反映共产主义、社会主义思想的先进人物、先进事迹，鞭挞落后腐朽的事物，能够形成强大的舆论场，用正确的舆论引导人，有力地影响社会风气。如我们通过大众传媒大力宣传孔繁森、李素丽、李国安、谭彦、吴天祥等各条战线优秀人物的先进事迹，在社会上引起了极大的反响，对形成良好的社会风气，起了直接的促进作用。而社会风气的好转，就为思想政治教育创造了日益优化的社会环境。运用大众传播媒介进行思想政治教育，其实施方式主要有：

（1）大范围的社会宣传教育，即由宣传、文化部门通过报纸、期刊、电台、电视台等大众传播工具对人们进行思想政治教育。它具有面广、量多、快速的特征，是一种社会化的教育方式。这种方式的具体实施方法是多种多样的。以电视为例，现场直播领导人讲话以及重要会议，实况转播英雄模范人物报告，专题片如《邓小平》，人物特写如"东方之子"，社会问题讨论如"焦点访谈""社会经纬""新闻调查"，以及大型文艺演出、优秀电视剧、通过电视播出的优秀电影等，都是具体的实施方法。其他传媒工具如电台、报纸、期刊，也都有许多各具特点的督促检查实施方法。运用哪一种方法，要根据形势的需要和教育对象的实际来定。

（2）小范围的思想政治教育，主要是指通过收看录像、收听录音以及自办广播、电视节目来进行思想政治教育。如通过电视放映具有教育意义的录像片，可把理论教育与形象教育结合起来，其效果比单纯地讲报告好得多。这种方式能保证教育的高质量，在时间上比较灵活，组织起来也比较方便。随着大众传媒的发展，这种方式成为工厂、学校、机关、商店的思想政治教育中经常采用的方式之一，也是较受教育对象欢迎的一种方式。

随着社会现代化和大众传媒的迅猛发展，大众传媒在思想政治教育中的作用越来越重要。充分运用这一载体进行思想政治教育是时代发展的需要。在运用这一载体时，应该对传媒影响的复杂性问题予以特别注意。传媒所反映的内容及其对人的思想的影响都是复杂的，既有积极的有利的一面，也有消极的不利的一面；不同的信息使大众传媒的教育作用可能出现相互抵触相互干扰的矛盾现象。这就要求加强对大众传媒的宏观管理和指导，坚决取缔非法出版物和音像制品，倡导网络道德，努力净化传媒所传播的内容，使之积极健康向上，反映社会主义的时代精神，并向同一方向起作用。只有这样，才能更好地发挥大众传媒的思想政治教育功能。

综上所述，管理载体、文化载体、活动载体、大众传媒载体各有各的特点、功用以及适用范围，因而我们应根据思想政治教育的不同内容和教育对象的不同情况，选择相适应的载体，以充分发挥每一种载体的思想政治教育功能。但同时，它们之间又是相互联系、相互渗透、相互作用的。因此，我们又不能片面强调某一种载体的作用，而应学会综合运用或交替运用包括上述四种载体在内的多种载体，发挥多种载体的综合效应，以形成全方位的思想政治教育态势。

四、正确运用载体

新时期人们在研究思想政治工作的载体上做了大量工作，载体也渐新渐多，这本是社会的进步。然而有些单位往往单纯为了博取兴趣，不从效果着眼，结果载体虽新，形式虽多，效果反而呈下滑之势。无论多么珍贵的妙药，不能正确运用，都不能达到治病强身的目的，无论多么先进的政工载体，不能正确运用，也不能达到教育人、改造人的目的。对于思想政治工作的载体，关键在于正确运用，使之发挥最佳教育作用，在此基础上实现载体的创新和发展，才有积极意义。

　　世界上没有一种万应灵丹，可以包医百病；也没有一种政工载体，可以打开所有的思想问题之锁。政工载体要不断创新，改进方式方法，以适应不断发展的新形势的需要。只要正确运用，新的载体能够大大提高工作效率，有时运用一种富有新意的、为群众喜闻乐见的载体，能取得令人鼓舞的教育效果。关键是不要忘记一条重要原则：就是要在坚持正确运用的前提下，来实现思想政治工作载体的创新和发展。

第三节　多维视角下高校思想政治教育与心理环境研究

一、高校思想政治教育心理环境概述

（一）高校思想政治教育心理环境的概念

心理环境的概念是由格式塔心理学派代表人物勒温（Kurt Lewin）提出来的。勒温从"部分相加不等于全部"的基本观点出发，把人或环境看成是一个整体的存在，心理和行为事件就是在这个整体的制约下发展和变化的。并且援引现代物理学中有关"场"的各种概念，论述了场、心理环境的基本思想。

心理环境就是存在于人脑中对人的行为产生影响的一切环境，是观念的环境。在主体将客观环境转化为观念环境的时候，经过了主体与客体、生理与心理的相互作用、相互转换的过程。客观事物作用于大脑，经过大脑的分析、综合的加工改造，主动地把客观的东西内化为主观的东西之后，便产生了主体的各种心理活动。这些心理活动在主体心理时空又经历了反映者内部特点的折射、扩展、积累、反馈，就形成了以观念形式表现出来的心理环境。为了区别客观环境，勒温给心理环境冠以"准"字，称为准环境。这是一个由准物理的事实、准概念的事实、准社会的事实三类准事实组成的环境（心理环境）。不管是人意识到的事件，还是没有意识到的事件，只要成为心理的实在，都可以影响到人的行为。

后人在勒温的基础上，提出了民族心理环境、社会心理环境、校园心理环境等概念，测量和拓宽了对心理环境的研究。高校思想政治教育是在一定的环境中进行的，这些环境势必与受教育者发生作用，经过受教育者主体的内化、积淀，形成了影响主体心理行为的心理环境。因此，高校思想政治教育心理环境就是指在高校思想政治教育过程中，存在于受教育者头脑中，对受教育者接受教育程度产生影响的一切环境。不管是受教育者意识到的环境，还是未意识到的环境，只要成为受教育者心理的实在，都可以成为受教育者的心理环境。

（二）高校思想政治教育心理环境的构成要素

高校思想政治教育心理环境包括：

1. 社会的政治、经济体制

高校的思想政治教育总是在一定的社会中进行的，并受到社会现实的制约。从德育目标的制定到德育教学计划的实施，都离不开社会生产方式的制约，所以不同制度下的思想政治教育存在着明显的差异。国家的方针、政策影响着学校的发展方向、活动方式、组织方式、教学计划，还规定和影响着学校思想政治教育的内容，对学生的世界观、价值观和人生观具有重要的影响。

2. 民族文化传统、地域性的风俗习惯

民族文化传统具有极强的渗透性和感染力，潜移默化地影响着我们的行为习惯和思维模式。不同民族文化传统的人在生活方式、行为习惯和思维模式上存在巨大差异。民族心理研究还表明：地理环境对人的性格的形成也有一定的影响，同一区域、民族的人往往具有相同的性格特征。因此，不同民族、不同区域的学生往往会受到这些地理、心理环境因素的影响，表现出不同的思维模式和行为习惯，这些是高校思想政治教育中必须考虑到的因素。

3. 文化舆论环境

如前所述，文化舆论环境是社会心理形成的基础。健康心理环境的形成离不开正确的文化舆论的导向。构成高校思想政治教育心理环境的文化舆论环境包括校外的文化舆论环境和校内的文化舆论环境。校外的文化舆论环境主要包括大众传媒、报纸杂志、电视、网络等。校内的文化舆论环境主要包括学校的宣传栏、广播站、文化活动等等。文化舆论环境具有一定的导向作用，营造健康的高校思想政治教育心理环境必须考虑文化舆论环境因素。

4. 校风

校风，是学校集体成员在工作、学习和生活中表现出来的一贯的行为倾向。对学生的心理起着潜移默化的导向作用、聚合作用和激励作用以及对学生的心理健康起着保护、增进作用。因此，校风是治校育人的重要因素，是在建设高校思想政治教育心理环境中不可忽视、不可替代的重要因素。

5. 人际关系

人际关系环境对人的心理状态有着巨大的影响和决定作用。有关心理研究表明，近年来，高校学生心理健康问题层出不穷，大部分都是人际关系不协调造成的。教学中，师生关系不融洽，会使学生产生"逆反心理"，对学习产生消极影响。学习生活中，同学关系不协调，会使学生产生消极情绪，从而影响学生的学习情绪。

6. 大学的生活方式包括文娱、体育和校内各种课外活动

丰富多彩的生活方式，可以陶冶学生的情操，健全人格，培养意志，改善紧张的人际关系环境，从而充实和改善学生心理环境的结构。如果没有良好的生活方式，就会使人意志消沉。

（三）高校思想政治教育心理环境的分类

根据高校思想政治教育过程中，大学生接触的不同层面的环境和载体，我们可将高校思想政治教育的心理环境划分为社会心理环境、学校心理环境、课堂心理环境、宿舍心理环境和家庭心理环境。

1. 社会心理环境

社会心理环境，是指对人的心理活动发挥着实际影响的整个社会生活环境，也可以说，是人们在社会生活中由于相互影响而形成的一定心理氛围，是社会生活主体与社会环境之间的主观与客观的统一。社会心理环境可分为外部的心理环境和内部的心理环境。外部的心理环境是指群体之外的社会环境，包括社会的政治经济方式、社会风气、社会思潮、民俗习惯、地域的传统等等。尽管大学生生活在高校校园内，但由于开放式的教学制度，信息渠道的广泛，大学生日益融入社会生活之中，必然会受到社会上的一些社会风气、舆论的影响，对高校的思想政治教育起到促进或阻碍的作用。内部的心理环境是指生活于其中的群体内部的社会环境，包括群体的共同目标、规则、群体内部的人际关系等等。

2. 学校心理环境

学校心理环境主要指校园内部一切影响师生员工心理的一切环境因素，其主要构成包括高校本身的历史传统、道德风气、学术气氛、管理方式、人际关系气氛、校园文化内容等等。学校心理环境是大学生学习和工作的动力来源之一，也是大学生个性

形成与发展的土壤，对大学生道德品质的形成起着熏陶、感染、引导的作用。

3. 课堂心理环境

课堂心理环境是指在教学活动中，能为学生所感知和体验到的，并能影响学生认识、情感和学习行为的课堂教学气氛。课堂心理环境分为教师教的心理环境和学生学的心理环境。教师教的心理环境是由教师的教学能力、教学态度、教学精神、人格魅力等因素构成的。学生学的心理环境包括学生学的态度、道德行为、课堂行为等因素。高校思想政治教育主要是在课堂中通过教师进行的。因此，课堂心理环境是高校思想政治教育心理环境的关键环节。

4. 宿舍心理环境

宿舍心理环境是指宿舍内影响学生心理行为的一切环境因素，包括寝室文化、宿舍内的人际关系、氛围等因素。大学宿舍不仅是学生休息的场所，也是学生学习、娱乐以及进行其他文化生活的主要场所。宿舍内人员集中、生活时间长，学生彼此之间的行为表现、道德品质最容易相互影响，因此宿舍心理环境也是高校思想政治教育心理环境的一个重要因素。

5. 家庭心理环境

家庭心理环境是指家庭内部影响家庭成员心理行为的一切环境因素。家庭的物质文化是构成家庭心理环境的物质基础，家庭意识文化是家庭心理环境的主导因素，家庭行为文化是家庭心理环境的直接因素。家庭是社会的首属群体，父母是孩子的启蒙教师，家庭是影响与教育大学生的重要环境之一。著名的"罗森塔尔期望效应"告诉我们，只有民主、和谐、温暖的家庭氛围才能使子女心情舒畅，并能把父母的爱和理解转化为学习的动力，同时形成良好的道德品质和行为习惯。

高校思想政治教育心理环境是指在高校思想政治教育过程中，存在于受教育者脑中，对受教育者接受教育程度产生影响的一切环境，是一个由多种因素整合而成的极为复杂的心理构成物。通过不同的心理层面、载体对高校思想政治教育发挥着促进或阻碍的作用。

二、心理环境在高校思想政治教育中的作用

高校思想政治教育总是在一定的心理环境中进行，心理环境在高校思想政治教育

中发挥着举足轻重的作用。在高校思想政治教育中，大学生通过自身的知识结构、认知水平和思维方式与周围环境发生相互作用，内化为道德品质。

（一）心理环境的影响内化为大学生道德品质的机制

心理环境的作用在高校思想政治教育过程中不容忽视。但是，环境的影响毕竟是外部的因素。唯物辩证法告诉我们，内因是事物发展的根本原因，决定着事物发展的方向和性质。那么，心理环境这一外部因素是如何发挥作用，内化为大学生的道德品质呢？它的内化机制是什么呢？

1. 模仿心理

模仿是个人受非控制的社会刺激所引起的一种行为。这种行为以自觉或不自觉地模拟他人的行为为特征。通过模仿这一手段，使得某一群体的人们表现出相同的行为举止。心理学家认为，模仿行为是一种自然倾向。人类最初的知识就是从模仿中得来的。可以说，模仿是人们道德社会化最重要的途径之一。

美国著名的心理学家班杜拉认为，人类行动的形成是一种靠直接经验的学习而进行反应的结果，二是靠观察榜样的示范行为和间接经验的学习，靠自己行为反应的结果进行学习，是非常缓慢、吃力的，代价也是很大的。人类大部分行为是靠观察榜样的行为而习得的。他的观察学习理论，我们可以理解为人的行为是在观察榜样行为的基础上，通过模仿而逐渐获得的。这种在观察基础上的模仿对道德经验缺乏的大学生更为重要。大学生的许多行为都是通过在观察和模仿父母、教师和同学的行为形成的。

2. 从众心理

从众是个人在社会团体的压力下，放弃自己的意见和观点，转变原有的态度，采取与大多数人一致的意见和观点。所谓的"随波逐流""人云亦云"就是这个道理。从众心理在日常生活中是很普遍的现象，大学生群体中更是如此。社会心理学家认为，从众是由于在团体的压力下，个体为解除与团体之间的冲突、增强安全感的手段。个体为了寻求与团体一致，受到了存在于自身头脑中的团体压力的影响，放弃自己的意见和观点，通过个体的行为和信念表现出来，从而产生了从众行为。从众与顺从存在着区别，顺从是指个体虽然改变了自己原有的态度和行为，但是仍然坚持内心的想法和信念。所谓的"口服心不服"就是这个道理。

社会心理学研究表明，个体产生从众行为主要是受到团体规范和信息的影响。一方面，个体总是隶属于一个团体，行为必然受到团体规范的影响。团体规范是团体成员必须遵循的行为规范，表现出的行为符合团体规范的成员，必然得到团体的接纳和喜欢，而违反团体规范的成员必然受到团体的拒绝和排斥。当个体的行为偏离团体规范时，就会产生可能被团体拒之门外的恐惧感，从而产生从众行为。另一方面，当个体在信息不详、情况不明、把握不大的情况下，总是倾向于把大多数人的意见看作正确的意见作为自己的行为准则，从而产生从众行为。社会心理学家谢里夫的"游动错觉"就表明了这点。该实验就是请被试判断一个在黑暗中的光点的具体位子。被试在独立判断情况下得出的结论大相径庭，但当被试聚集在一起判断的时候，就产生了从众现象，得出的结论几乎一致。

高校思想政治教育过程中的大学生由于受到以下几个因素的影响，也常常产生从众行为，形成与他人一致的道德行为和品质。第一，建立和维持良好的人际关系。高校大学生渴望友谊，希望获得同伴的认可，建立良好的人际关系。因此，在学习生活中，往往改变自己原有的态度和观点，去迎合同伴，形成与他人一致的态度和观点，从而建立和维持良好的人际关系。第二，为取得其他同学的好感。大学生活中，根据性格特征和爱好，高校学生往往形成不同的团体，共同生活和学习。团体中的成员，为了获得其他同学的好感，在自己和别人的意见产生分歧时，常常会改变自己的意见，博得同伴的好感。第三，不愿意感受到与众不同的压力。根据马斯洛需要层次理论，人有爱和归属的需要。大学生常常参加各种不同的社团和团体，满足内心需要。当与团体意见不一致时，就会产生压力和被团体排斥的恐惧感。这种情况下，大学生就容易改变自己的态度，与团体保持一致，从而产生从众行为。

3. 暗示心理

暗示，是指在无对抗条件下，用某种间接的方法对人们的心理和行为产生影响，从而使人们按照一定的方式去行动或接受一定的意见、思想。暗示可以通过语言的形式进行，也可以通过其他方式进行。例如，教师在表扬答对问题或者进步的学生时，就是语言暗示。上课时，教师惩罚讲话或者开小差的同学时，就是行为暗示。暗示对人的心理和行为有着巨大的影响。谢里夫曾经对暗示的作用做过一个实验。他要求大学生对两段作品做出评价，对学生说，第一段作品是英国作家狄更斯所著，第二段作品是一个普通作家写的，其实这两段作品都是狄更斯所著。受了暗示的大学生对两段作品做出了差异很大的评价：第一段作品得到了宽厚而又崇敬的赞扬，而第二段作品却得到了苛刻而又严厉的挑剔。两段作品，都是出自同一人之手，只不过受到了不同的暗示，就产生了差异悬殊的结果。由此可见，暗示对人的心理和行为具有很大的影响。

暗示可以分为他人暗示和自我暗示。暗示信息来自他人，就是他人暗示。他人暗示又可分为间接暗示和直接暗示。高校学生，往往受到课堂上教师和生活中同伴的暗示，产生与之相符的心理和行为。暗示信息来自本人，就是自我暗示。自我暗示对自身产生的作用最大，可以发挥积极作用，也可以发挥消极作用。大学生的信心其实就是自我暗示。当大学生面对新的环境和同学、新的学习任务时，如果能看到自己的实力，并且有足够的勇气来承担，认为自己能够完成大学阶段的任务，就能很好地完成大学阶段的学习。

性格软弱，缺乏主见的大学生，往往容易随波逐流，接受暗示者的影响；独立自主的大学生，反暗示性很强，他们反对顺从，要求独立，按照自己的意志办事，尤其是当他们知道或意识到他人企图施加暗示影响的时候，就更不会接受暗示，所以暗示者施加的影响就不会起作用。

（二）心理环境可以促进大学生道德品质的形成

心理环境一经形成，就会成为稳定的条件，对人的道德生活和道德品质的形成产生深刻的影响。它不仅影响人民的心理行为、价值观，而且影响人民的道德品质、道德情操和道德行为。心理环境在道德品质的形成过程中发挥着举足轻重的作用，健康的心理环境可以促进大学生道德品质的形成，主要表现在以下几个方面：

1. 熏陶感染作用

熏陶感染是指生活在一定心理环境中的人，由于长期受到该环境内人们言行及情绪的熏陶感染和影响，其道德品质在不知不觉中发生变化，形成与他人一致的道德品质和情操。古人云："居楚而楚，居夏而夏""近朱者赤，近墨者黑"，说的就是这个道理。高校思想政治教育过程中，教师和周围同学的品格和行为，往往会对大学生的心理产生影响，形成一定的心理环境，影响大学生的道德品质和道德情操。教师和周围同学的人格魅力、道德品质会对高校大学生起到榜样的作用，潜移默化地促使大学生改变不符合社会要求的道德观念和道德品质。另外，熏陶感染作用也可以克服高校思想政治教育过程中消极心理定势的影响。定势，也叫心向，是指对某一活动的心理准备状态或倾向性。消极的心理定势是指大学生在接受思想道德知识教育时心理的阻抗作用。如一个言行不一、品质很差的老师讲授思想道德知识，只会使学生产生不信任和反感的情绪，从而对高校的思想政治教育产生抵触情绪，致使高校思想政治教育失效。由此可见，心理环境的熏陶感染性，是"随风潜入夜，润物细无声"的，容易被人们认同和内化。这一功能和作用，对于正处于身心成长中，可塑性极强的大学生来说，作用更为明显。一个人在青少年时期所获得的道德经验主要来自心理环境的染化。心理环境的感染熏陶作用，能使人在愉悦中实现思想的转变和心灵的净化。

2. 导向作用

良好的心理环境所构成的优势影响力是一种不成规章的行为准则，对人们的行为具有导向的功能，会自觉不自觉地受它的影响，即所谓的"随大流"。高校思想政治教育过程中，心理环境中一些健康的因素，如良好的人际关系氛围、积极向上的校园风气以及团体规范，大学生为了维持这种良好的人际关系，就会改变自己的行为，逐渐形成良好的道德习惯。另外，社会群体的行为倾向，是构成心理环境的要素之一，而行为具有直观性、可视性的特征，更容易被大学生理解和接受。

3. 无形的强制作用

高校思想政治教育过程中，当某种心理环境形成后，就会产生一种心理氛围，形成一种无形的压力，迫使大学生消除自己言行与心理环境的反差，以解决自身与环境不适应、不协调的矛盾，如前所述，大学生为了维持良好的人际关系、博得同学的好感和被团体所接受，都会改变自己的言行，以适应环境。当一个道德素质较差的大学生加入了一个道德风气良好的群体后，就会因自己道德素质现状与团体道德风气的反差而产生孤独感和恐惧感，从而促使自己提高道德素质，以消除自身与群体之间在道德素质上的反差，逐渐接受群体的道德观念和行为方式，被群体同化而形成良好的道德素质。而当一个道德素质良好的人落入道德素质低的群体时，很可能就会入乡随俗，出现道德滑坡的现象，这就是心理环境无形的强制作用。

4. 促进作用

良好的高校思想政治教育心理环境，会激励个体释放道德潜能，促进大学生形成良好的道德品质。它可以产生巨大的吸引力、凝聚力，提高大学生的士气，同时也影响大学生的道德倾向。

心理环境在高校思想政治教育过程中发挥着重要作用，对大学生道德品质的形成具有熏陶感染、导向和促进作用。要提高高校思想政治教育的实效，就必须克服和消除心理环境中的不利因素，"五管齐下"为高校思想政治教育营造一个健康的心理环境。

近年来，大学生的心理健康教育问题广泛受到各界的高度关注。心理健康教育对于高校思想政治教育的适用性已经成为越来越多学者的研究方向，学者们从关注大学生个体入手，了解他们内心的需求，遵循大学生心理发展规律来开展思想政治教育，有助于让思想政治教育走进大学校园时更深入人心，让高校思想政治教育真正成为符合社会需求，同时兼顾大学生内在感受的教育。

新时期的大学生，大都为00后，他们基本上属于家里的独生子女，在大学之前活在父母的宠爱之中，大学四年对于他们就像是刚走进独立社会的幼儿期，难免会遇到各种不顺利的事情，因此会有各种不顺利。与此同时，如今的大学生不再是天之骄子，他们在四年里必须不断充电学习，才能在毕业时找到自己理想的工作，就业压力、学习压力、人际关系压力等都压得他们喘不过气，传统的思想政治教育形式和内容都比较单一，融入心理健康教育恰好能弥补这方面的不足，给学生以正确的心理健康教育。

心理健康教育对于高校思想政治教育具有很强的适用性，要实现两者的结合，需要从各个方面入手，首先理念上，要真正做到以人为本，从学生个体心理需求出发，转变传统思想政治教育观念，不仅要做到以学生为主体，同时还要实现思想政治教育生活化，达到润物细无声的效果。其次，内容上需要不断更新，并且融入心理健康教育的内容；第三，需要借鉴心理健康教育的部分有效方法，不断加强心理咨询，在教学过程中融合渗透心理健康教育，并且创建以网络为载体的新模式；第四，在教师队伍上要实现资源整合，专业队伍和非专业队伍都需要不断培训，以增强专业技能和实践能力。

总之，心理健康教育对于高校思想政治教育的适用性已经在实践中不断得到了证实，我们必须认真思考切实加强高校思想政治教育的有力措施和高效途径，促进学生全面而又自由的发展。

三、营造健康心理环境，提高高校思想政治教育的实效

社会心理环境、校园心理环境、课堂心理环境和家庭心理环境等因素共同构成了高校思想政治教育的心理环境。在高校思想政治教育中发挥着不容忽视的重要作用。要营造适合大学生成才的心理环境，就要营造健康的社会心理环境、校园心理环境、课堂心理环境和家庭心理环境。

（一）营造健康的社会心理环境

1. 坚持正确的社会导向

社会导向主要是指社会的舆论导向。社会导向对一个人品德的形成、发展影响很大，对高校思想政治教育的影响和制约更为直接和深刻。通常情况下，社会导向出自政府机构，它以社会经济为基础，是统治阶级意志的体现，对社会成员思想和行为的影响具有权威性。高校思想政治教育受到社会政治经济方式的影响和制约，政府的方针政策是高校思想政治教育的主要内容之一，从根本上说，它与社会导向是一致的。同时，它又是社会舆论导向的具体方式之一，是社会舆论导向实施的手段之一。因此，高校思想政治教育就要重视社会舆论的导向作用，坚持正确的舆论导向。众所周知，社会舆论主要通过大众传播媒介在社会上传播和流传。随着社会的发展，大众传播媒介的载体越来越多，渠道越来越广，速度越来越快，已由过去的电视和报刊传播转变为以网络传播为主，其他传播方式为辅的多元化的传播手段。心理发展尚未成熟的大学生，由于辨别是非的能力还比较弱，正义感强，情绪控制能力较弱，这种心理特征就容易被人利用，通过虚假的社会信息的传播，腐蚀大学生的心灵，破坏大学生的道德品质。因此，高校就要利用大众传媒（包括学校的网站、宣传栏和校园广播站）引导学生认识各种理论观点，引导学生遵循社会主流意识形态，拒绝各种错误思想，净化心灵，为学生营造一个健康的社会心理环境。

2. 正确处理环境与教育的关系，在优化个体内部环境上下功夫

正确处理环境与教育的关系，首先要努力发掘社会环境中的积极因素，克服消极因素。社会环境对人的影响是不能低估的。但是，这并不是说人就是消极被动地接受社会环境的影响，相反，人的知识结构和精神要求，使他们通过自身的同化和顺应等

机制，吸收社会环境中营养，摒弃社会环境中消极因素的影响，不断地提高和完善自身。要调适社会环境对高校学生的影响，就要从两个方面入手：一方面要正视现实、扬长避短，既要看到环境中的积极因素，引导学生去接纳它，又要看到环境中的消极因素，讲明弊端和危害，增强学生的抵制力，或者教会学生如何去改造它，同时，加强校园内部环境的建设，优化育人环境，以抵制大气候中的不良因素的影响。另一方面，要加强思想政治教育和心理健康教育，优化学生的内部环境，提高高校学生辨别是非的能力和增强学生承受挫折的能力，促进学生的发展和完善。

其次，注重打好思想基础，努力发挥人的主动性。个体在接受社会环境影响的同时，也可以反作用于社会环境。也就是说，虽然社会环境对人的影响是自发的、潜移默化的，但是这种作用的实现取决于个体是否接受其影响，因为人脑是加工厂，是否接受环境的影响，是要经过思考的。相同的社会环境的影响，会由于个体内在因素的不同而产生不同的结果。因此高校思想政治教育过程中，就要注重打好学生的思想基础，引导学生树立正确的世界观、人生观和价值观，培养学生形成良好的心理品质，在接受社会影响的时候能够更好地发挥学生的主动性，吸收好的因素，摒弃消极的坏的因素。

（二）营造健康的学校心理环境

学校心理环境是校园内部一切影响师生员工心理的环境因素，主要包括高校本身的历史传统、道德风气、学术气氛、管理方式、人际关系气氛、校园文化内容等等。学校心理环境是大学生学习和工作的动力来源之一，也是大学生个性形成与发展的土壤，健康积极的校园心理环境有利于大学生道德品质的形成，消极颓废的校园心理环境阻碍着大学生道德品质的形成。因此，提高高校思想政治教育实效性，有必要营造健康的校园心理环境。

1. 建设积极向上的高校校园精神

校园精神是校园心理环境的精髓和最高层次，它包括学校的历史传统、精神信念，是学校本质和学校办学精神和面貌的集中反映。具体反映在校风、教风和学风等方面。

高校校风是在高校长期的办学过程中逐渐形成并表现出的相对稳定的学校的精神状态和作风，是师生员工的道德品质、理想信念、教职员工的工作态度和学生的学风的集中反映。培养良好的校风，首先应端正学校的办学思想，树立"全面提高素质、培养合格人才"的教育质量观和培养多层次、多类型、多规格的人才观，建立并严格执行校训，使其成为校风的标志。

高校教风是一种教师的教学风格，是教师道德风尚、知识水平、教育理论、教学技能等的综合表现。良好的教风包括：爱岗敬业、爱护学生、为人师表、治学严谨和传道授业。形成良好的教风，首先就要提高教师的专业素质水平，尤其是从事高校思想政治教育的教师更应该提高专业水平。教师的职责就是"传道授业解惑"，没有扎实的功底，就无法做到这一点，同样不能赢得学生的信任和认同，势必影响教学效果。其次，要关心教师，照顾教师的生活之需。人只有在低层次的需要得到满足之后才能产生更高层次的需要，教师教书的社会职能就是教师实现自我的最高层次的需要。当教师基本的生理需要得不到满足的时候，就会直接影响到教师社会职能的履行，从而降低教学质量，影响教学效果。

高校学风是高校学生在长期学习过程中形成的稳定的学习行为和学习习惯。包括学生刻苦钻研、勤奋好学的学习精神、学以致用的学习态度、举一反三的学习方法，也包括学生尊敬师长、遵纪守法的道德品质。学风是校园精神的主要体现，受校风和教风的制约，又反过来影响着校风和教风。培养优良的学风首先要注重学生的心理特征，制订适合学生学习的教学计划。内因是事物发展的根本因素，学生学习很大程度受到自身心理需要的影响，要真正调动学生学习的积极性和主动性，首先就需要了解学生的心理特征，从学生的内心需要出发，了解到学生需要的是什么、感兴趣的是什么，才能充分调动学生的主动性，达到教学目的。其次，加强学生学习目的的教育，使学生树立远大的理想和坚定的信念。

2. 创建人文关怀的校园文化氛围

学校教育的一项重要任务，是培养学生的优秀科学文化素质。校园文化对学生的智能发展富有引导作用、平衡作用、充实作用和提高作用。校园文化对满足学生的求知心理、好奇心理，将起到课堂教学不可替代的补偿作用。

校园文化包括文化观展和文化活动两部分。文化观展包括学校的宣传栏、走廊和教室悬挂的名人名言、组织参观的名胜古迹、红色旅游、英雄模范事迹宣传等活动。这些文化环境会对学生起到榜样示范、熏陶感染的作用，使学生在不知不觉中受到英雄事迹和社会主流意识的感染和渗透，内化为大学生自己的道德情操和品质。文化活动包括学校组织的各种演讲比赛、辩论赛、知识竞赛以及各类文体活动，在这些活动中可以锻炼学生的意志品质、开发学生的智力和增强学生的体质，推动学生的智力和非智力因素共同发展。

创建人文关怀的校园文化氛围，可以从两方面入手。一方面从学生的思想实际出发，宣传一些学生在生活和学习中容易遇到的困难和难题的解决方法，使学生能够正确认识挫折，通过自身努力解决问题，提高学生的自信心，增强学生的心理承受力；一方面从学生的心理需要出发，针对学生容易出现的心理障碍有计划地举办讲座，根据学生的需要开展有利于学生身心健康的文体活动，使学生在活动中得到锻炼，将对学生的关心落到实处，真正从思想上和心理上关心学生，提高高校思想政治教育的实效。

3. 逐渐完善心理咨询机制

鉴于高校大学生出现心理障碍的比例越来越大和心理咨询在高校思想政治教育中的特殊作用，许多学校都引入了心理咨询机制。但是，仍然存在一些问题，主要表现在：第一，心理咨询人员只是一些懂得心理学知识的人员或者心理学的爱好者，这部分人员缺乏专门的咨询心理学知识和心理咨询技术的培训，在遇到一些较为复杂的个案时，就束手无策，无法解决学生的心理问题。第二，没有建立一个系统的心理咨询体制。部分高校只开通了书信的心理咨询方式，并没有安排专门的人员进行面对面的咨询；或者缺乏多渠道的心理咨询。因此，高校心理咨询有必要建立一个键全、系统的体制，多渠道、全方位地为学生提供心理咨询服务。

1. 培养专门的心理咨询人员。心理咨询是一门综合了心理学、医学、社会学和哲学等学科知识的科学。对从事这项工作的人员有较高的要求。从事这项工作的人员除了必须具备专门的心理学知识外，还需具备较强的沟通能力和社会阅历。有心理学系的学校，可以在加心理学系选择专业的教师从事心理咨询。其他学校，也需要专门引进心理学人才，专门从事心理咨询工作，为学校学生提供专业的心理咨询服务。

2. 设立专门的心理咨询机构，各系（院）应下设研究分会，设置心理咨询室，开展心理咨询讲座，针对学生问题进行心理的测量和答疑等工作。经实践表明，卡特尔的16种人格因素测验（即16PF）和SL90等量表是比较可靠的心理测验之一，可以较及时、准确地反映心理方面出现的问题。

3. 实施同伴辅导法。在心理咨询中，可以推行伙伴咨询。具体做法是在学生群体中选择一批具有心理咨询知识和技术且沟通能力较强的学生，经过专门的心理咨询培训后，担任心理咨询员，心理学上也称为同伴辅导法。同辈团体往往是大学生认同的对象，在心理咨询过程中，更容易建立良好的关系，接受同伴的辅导和帮助，找出问题的症结和解决的方法。

（三）营造良好的课堂心理环境

1. 提高教师心理健康素质

教师是教学过程的领导者和组织者，不仅传授知识，同时也在创设着课堂心理环境。教育心理学家认为，课堂心理环境主要由教师创设。教师心理健康，情绪稳定，精神饱满，不仅可以很好地驾驭自己的情绪，充分发挥自己的潜能，也可以为学生创设一个平静、愉快的课堂氛围。据有关资料表明，近年来，随着教学任务和科研任务的加重，以及对教师的要求日益提高，许多教师长期处于一种亚健康状态，表现为情绪低落、精神萎靡，并把这种负面情绪带到课堂上，传染学生，降低学生学习的效率。著名美国心理学家鲍德威在研究 73 名教师和 1000 名学生的相互关系后说，情绪不稳定的教师很容易扰乱学生的情绪，而情绪稳定的教师也会使学生的情绪趋于稳定。可见，课堂心理环境的创设，首先依赖于教师的心理健康素质。也就是说，建设具有健康心理素质的教师队伍是营造良好的课堂心理环境的前提。教师不仅要加强自己的理论修养，提高自身的科研能力，还要提高自我控制和调节情绪的能力，提高心理素质，不断完善自己的品质和人格。并以自身健康的心理素质去感染学生，和学生一同营造一个健康良好的课堂心理环境，从而提高高校思想政治教育的实效性。

2. 创设和谐的课堂气氛

班级人际关系实际是进行教学的重要背景，是和谐的课堂气氛的主要内容。在良好的人际关系中进行教学，师生之间和同学之间的关系所带来的愉快气氛可以促进学生的学习效率的提高。要创设和谐的课堂氛围，教师首先要加强与学生的沟通。教师要了解学生的心理发展规律，了解学生的思想，了解学生的生活，从生活上关心学生，与学生打成一片，融洽师生之间的关系。在与学生交流的过程中，要做到"一视同仁"，既要发扬优生的优点又要善于发现差生的"闪光点"，加强优差生之间的沟通交流，从而创设一个关系融洽、气氛和谐的课堂心理氛围。笔者在授课过程中，就曾经试过与学生在网上进行沟通，通过这种沟通了解到学生的想法、和学生对课堂授课的建议，有效地改进了教学方法和提高了教学质量。其次，教师要培养自己的宽容精神。所谓宽容，就是指教师对学生的一种宽厚的态度和方法。主要包括态度上的宽容、时间上的宽限、处理上的宽待等。再次，教师要处理好突发事件。课堂上，突发事件时有发生，如东西掉在地上、某位学生发出的奇怪声音等都会引起一阵骚动，一阵哄笑。这个时候，教师要控制好自己的情绪，控制局面，恰如其分地处理突发状况。

3. 运用心理学知识，改善教学方法

目前，高校思想政治教育课主要还是采取讲授法，传统的"填鸭式"教学。这种教学模式，教师在授课过程中重灌输，轻引导，学生只是被动地接受，而不是主动地吸收，教学效果不理想。如果教师能改善教学方法，将心理学运用于平时的授课中，效果就会大大提高。改善教学方法的途径有很多种，首先就是要着眼于诱导，让学生变"苦学"为"乐学"。对大多数学生来说，学习是件苦事，如何使学生以苦为乐，变苦为乐，最好的办法就是让学生获得成功的体验。心理研究表明，任何人做任何事都是为了获得成功，一旦成功就会获得满足感，心情就愉快。学习过程中获得越多的成功体验，就会产生想要获得更多成功体验的需要，持续学习的动机就会增强。如何教师能从学生的实际出发，找到学生的最近发展优势，制订学生的学习计划，就会让学生不断地获得成功的体验，从而产生持续学习的动机。那么，"苦学"也会变成"乐学"了。其次，授课过程中，要注重指导，而不是灌输，让学生学会"学"，素质教育的一个重要方面，就是要让学生学会学，教师的责任就是指导学生学习，教会学生"学"，培养学生自己学习、发现问题、解决问题的能力。指导包括学法指导和认知策略的指导。学法指导就是使学生养成良好的学习习惯，摸索科学有效的学习方法。学习习惯的养成和学习方法的积累，无外乎四个来源：书本介绍、自我总结、同学启示、教师指导。这四条途径归根结底离不开教师的指导。教师指导得当，就可以变知识为能力，变"学会"为"会学"。再次，教学过程中多采用"激励"的方法。心理学研究表明，激励更优于惩罚，更容易获得学生的认同，接受教师意见。惩罚往往会引起学生的负面情绪，对老师产生"憎恨"的感情色彩，转移到学习中，使学生产生

厌学情绪，达不到教学目的。高校思想政治教育过程中，教师可更多地采用激励机制，激发学生学习的动机，达到教学目的。

（四）营造健康的朋辈心理环境

朋辈包含了"朋友"和"同辈"的双重意思。"朋友"是指有过交往的并且值得信赖的人，而"同辈"是指同年龄者或年龄相当者，他们通常会有较为接近的价值观念、经验，共同的生活方式、生活理念，具有年龄相近、性别相同或者所关注的问题相同等特点。朋辈心理环境就是指在高校学生与朋友和同学的相互交往过程中，形成的心理氛围。据心理学研究表明，大学生更愿意向朋辈倾诉和求助，也更容易在相互交往过程中互相影响，互相作用。在高校思想政治教育中，教育者也可以利用这个环境，为大学生创设一个健康积极的朋辈心理环境，培养大学生形成良好的道德品质。

1. 建立和谐的人际关系

人际关系是在人们共同生活的基础上，通过不同形式的交往形成的一种心理关系或者情感关系。在人际交往中，同伴的评价，直接影响个体的心理和行为。和谐的人际关系，能使大学生产生安全感，通过人际交往，可以满足大学生寻求友谊的愿望，发展情感、增强社会交往能力，有利于形成比较稳定的心理状态，对大学生的心理健康和学习都是有利的。对于大学生来说，主要的人际关系就是师生关系和同学关系。

形成融洽的师生关系，在前文中已经讲过，这里不再赘述。形成和谐的同学关系，首先就要多开展活动，给学生提供人际交往的平台。在共同的特定的环境中，由于面临同样的处境，达到共同的目标，更容易使人产生"同病相怜"的情绪，惺惺相惜结成友谊，建立和谐的人际关系。其次，开设专门针对人际交往的讲座，为大学生的人际交往提供借鉴。据有关心理学研究表明，大学生出现心理障碍的主要方面之一就有人际关系紧张。高校可以在这方面入手，针对大学生人际交往的问题，有计划地举办讲座，请教师进行辅导，制作以人际交往为主题的宣传栏和展板，解决大学生心中的疑问，为大学生提供指导。

2. 开展朋辈心理咨询

朋辈心理咨询是指年龄相当者对周围需要帮助的同学和朋友给予心理开导、安慰和支持，提供一种具有心理咨询功能的帮助，它可以理解为非专业心理工作者作为帮助者在从事一种类似于心理咨询的帮助活动。开展朋辈心理咨询符合大学生的心理需求。大学生喜欢向同龄人打开心扉、相互交流、倾诉苦恼。专注的倾听，合理的劝导，理智的分析，真诚的安慰，在很多时候有助于身陷困境的大学生恢复自己的思考和判断能力，脱离负面情绪，重拾信心，做出应对。同时，在这个过程中，也可以升华大学生的友谊，改善自我调节能力，促进了"助人—自助"的良性循环。另外，也解决了高校缺乏从事心理咨询的人员的困难。

3. 创设团结和睦、积极向上的宿舍心理环境

宿舍是大学生生活和学习的主要场所。人员集中，许多思想和生活中的矛盾很容易暴露出来。一方面要学校要建立宿舍的舆论阵地，加强宿舍的宣传舆论工作。学校可在寝室附近建立读报栏、板报、壁报专栏等。使学生能够了解社会信息和国家大事。同时，还可以通过板报、壁报宣传学校的好人好事，对学生进行正面引导。这些宣传同时进行，可以形成一股强大的舆论力量，推动宿舍心理环境的形成。另一方面学校要组织学生自己管理自己。这样，不仅调动学生的积极性，发挥学生的自觉性，而且有利于培养学生的管理能力，以及养成良好的行为习惯。学校的各种规范只有为学生多数人所实践，成为多数人行为方式时，才具有心理环境的意义。学生自己管自己，把学生看作学校管理的主体，无论是宿舍环境管理、卫生管理、纪录管理、设备管理，还是思想教育都由学生自己进行，对于学生养成以校为家等品质具有重要作用。

（五）营造健康的家庭心理环境

家庭在青少年的成长中发挥着基础性作用。父母是孩子的启蒙老师，父母的言行受到子女的模仿，对青少年道德品质的形成发挥着不容忽视的作用。具有良好心理环境的家庭，可以缓解青少年的心理压力，提高青少年的心理素质，增进心理健康，提高道德品质，是进行心理健康教育和思想政治教育的有机组成部分和有效途径。具有消极心理环境的家庭，就会增加青少年的心理压力，降低青少年的心理素质和道德品质，据有关研究表明，很多不良少年的形成原因都与消极、紧张的家庭心理环境有关。因此，营造健康的家庭心理环境是高校思想政治教育的重要环节。营造健康的家庭心理环境，就要从以下几个方面入手：

1. 提高家长的思想道德修养

俗话说："打铁先得自身硬。"家长提高了自身的思想道德修养，才能起到榜样示

范作用，家长的教育子女才会接受。古人云："其身正，则令行；其身不正，则令不行。"说的就是这个道理。因此，家长只有通过自身的不断努力，提高自身的文化修养和思想道德修养，才能赋予家庭生活更加丰富的内涵，为子女提供高质量的精神生活条件。从而使子女在潜移默化中汲取精神营养、陶冶情操、培养道德品质、增强性格，形成高尚的道德品质和健康的心理素质。

2. 更新家长观念，树立民主、平等意识

心理学研究表明：人在孩提时就已经开始形成独立的个体意识。因此，尊重子女的独立人格，注重培养和发展子女的兴趣、爱好，允许其平等参与包括重大决策在内的各项家庭活动，鼓励子女自己动脑、自己解决自己的问题，这对孩子的成长是大有裨益的。然而，目前我国大多数家庭都是独生子女，子女就成了家里的"小皇帝""小公主"，衣来伸手、饭来张口，缺乏独立自主的能力，依赖思想严重，遇到挫折就无法承受，导致产生严重的心理障碍。鉴于此，家长要改变传统的"家长制"观念和保护过度的"溺爱"思想，以父母和朋友的双重身份去关心、理解、支持子女，对他们的期望也应与子女的实际联系，充分尊重子女的独立意识，相信子女的能力和发展子女的兴趣，努力形成一种民主、和谐的家庭关系。

3. 遵循教育规律，科学育人

从心理学角度说，教学过程就是在青少年的心理发展水平上适应其心理需求，采用正确的教育策略、促进其心理健康发展的过程。这就要求家长努力学习教育心理学知识，掌握一些适合子女心理发展规律的教育方法，走出教育"误区"，学会真正地爱子女。具体地说：一是要坚持德才相长原则，将成人与成才密切结合起来，不能只重视成才而忽视成人，只重智育轻视德育。我国历来就是一个注重"德"的国家，古代教育更是将"德育"放在智育之上，讲求德为先的教育原则；二是要不忽视规则，从小培养子女的独立生活能力，踏实、认真、细致的办事习惯和坚强的性格和勇气；三要善于与子女沟通和交流，及时了解子女的心理变化及思想动态，并给予正确的引导和帮助。

第三章 高校思想政治工作与素质教育的探索与实践

高等学校担负着培养社会主义事业建设者和接班人的重任。加强和改进思想政治工作以及实施素质教育是高校贯彻落实社会主义核心价值观，完成肩负的历史重任的关键。笔者在深入调研的基础上，分析新时期高校思想政治工作和素质教育面临的机遇和挑战，提出在新形势下高校加强和改进思想政治工作、实施素质教育的创新思路和措施。

高校思想政治工作是对师生特别是青年学生的思想、道德观念等进行引导、教育、塑造，不断提高师生的思想政治素质和精神品质的主要途径。高校全面推进素质教育，是体现以人为本的教育理念，培养德、智、体、美等全面发展的具有创新精神和实践能力的社会主义建设者和接班人的根本途径。二者是关系到高校坚持社会主义办学方向、推动高等教育改革与发展健康顺利进行的重要保证，是关系到高校能否完成肩负的历史重任、关系到党和国家前途命运的大事。因此，我们必须站在社会主义核心价值观的高度，从培养社会主义事业建设者和接班人全局出发，来充分认识新形势下加强和改进思想政治工作，全面推进素质教育的重要性和紧迫性。

基于上述认识，笔者先后对东北农业大学、哈尔滨工程大学、黑龙江大学和哈尔滨工业大学就"新形势下高校党的建设、思想政治工作、德育工作、素质教育以及教师队伍建设"等问题进行了专题调查研究。通过研究，对这些高校在新形势下的思想政治工作、德育工作以及实施素质教育情况有了一些初步了解。笔者将在对四所高校思想政治工作、素质教育状况深入调研的基础上，分析新时期高校思想政治工作和素质教育面临的机遇和挑战，提出在新形势下高校加强和改进思想政治工作、实施素质教育的创新思路和措施。

第一节　思想政治工作与素质教育的关系

正确引导和帮助青少年学生健康成长，使他们能够德、智、体、美全面发展，是一个关系我国教育发展方向的重大问题。教育是一个系统工程，要不断提高教育质量和教育水平，不仅要加强对学生的文化知识教育，而且要切实加强对学生的思想政治教育、品德教育、纪律教育、法制教育。这不仅为我国的社会主义教育事业指明了方向，而且为各级各类学校全面贯彻党的教育方针，努力推进素质教育提出了明确要求。在认真学习江泽民同志这一重要讲话精神的基础上，结合自己的认识，笔者对素质教育与思想政治工作的关系问题，有如下几点思考。

一、全面理解素质教育的内涵，坚持教育的社会主义方向

素质教育的宗旨是培养社会主义现代化事业需要的"四有"新人，目标是造就德育、智育、体育、美育等全面发展的社会主义建设者和接班人。素质教育在注重知识传授的同时，更加注重对学生能力的培养和良好品格的塑造，更加注重学生德育、智育、体育、美育等方面的协调发展和全面提高，更加强调教育的根本任务和目的是造就又红又专、德才兼备的"四有"新人。

坚持社会主义的办学方向是素质教育的灵魂，是考核学校实施素质教育是否成功的重要标准。提高全民族的思想道德素质和科学文化素质是社会主义学校的总的要求，离开了这个总的要求，我们的学校教育就会失去方向。加强社会主义精神文明建设，全面提高学生的思想、道德、文化素质，必须在加强智育的同时，不断加强德育、美育、体育。否则，就不是全面发展，就不能保证学生全面素质的提高。因此，全面推进素质教育，必须明确我国教育的社会主义性质，坚持正确的教育方向，认真贯彻党的教育方针，始终把培养"四有"新人作为教育工作的基本出发点和根本立足点。

二、正确认识素质教育的要求，坚持把德育工作放在首位

人的素质主要包括思想道德素质、科学文化素质和身体心理素质，这几方面都很重要。但思想道德素质是核心，居于首位。思想政治教育，在各级各类学校都要放在

主要地位，任何时候都不能放松和削弱。思想政治素质是最重要的素质。不断增强学生和群众的爱国主义、集体主义、社会主义思想，是素质教育的灵魂。《中共中央国务院关于深化教育改革全面推进素质教育的决定》也特别指出："实施素质教育，必须把德育、智育、体育、美育等有机地统一到教育活动的各个环节中，学校教育不仅要抓好智育，更要重视德育。"纵观世界各国的教育调整和改革，尽管存在社会制度、意识形态和民族文化的差异，但都普遍重视对青少年的思想道德教育。学校应该永远把坚定正确的政治方向放在第一位。这是邓小平教育理论的核心。

《中共中央关于进一步加强和改进学校德育工作的若干意见》中指出："现在和今后一二十年，学校培养出来的学生，他们的思想道德和科学文化素质如何，直接关系到二十一世纪中国的面貌，关系到我国社会主义现代化建设战略目标能否实现，关系到能否坚持党的基本路线一百年不动摇。"面对各种国际挑战，我国的教育必须认真贯彻党和国家的教育方针，全面认识素质教育的要求和内容，把德育工作放在首位，实现学生德、智、体、美等诸方面的协调发展。进一步加强和改进德育工作，是学校教育必须认真研究的课题和任务。由于一些学校（包括高等学校）在德育内容上还不适应时代和社会发展需要，教育方法僵化、呆板，不适应广大青少年学生的学习要求；形式和渠道过死、单一等，严重困扰着学校德育工作，从而大大降低了教育效果。解决这些问题的根本出路在于：学校党组织应加强对德育工作的领导，以扎实推进邓小平理论"二进"为中心，加大政治理论课和德育课的教育改革力度，积极进行教学内容和方法的研究与探索，进一步拓展学校德育与学生生活和社会实践的联系，从实际出发，针对学生的思想特点，按照德育总目标和教育、教学规律，有计划、有步骤、分阶段、分层次地实施，努力提高德育工作的实效。坚决克服形式主义和教条主义倾向，使学生生动活泼、主动地得到发展。高等学校应率先在这方面取得突破。

三、积极探索素质教育的方法，坚持教书与育人的结合

素质教育的提出，主要是针对基础教育中"应试教育"和高等教育中"过窄的专业教育"的弊端。强调全面提高人的素质，提高社会适应能力，培养和谐发展和具有可持续学习能力、创新能力的人才，是素质教育的重要特征。面对当前国际国内新的形势，我们的教育思想、教育体制和结构、教育内容和方法，同社会主义现代化建设发展的需要不相适应的矛盾，已经和正在日益显露出来。教育是知识创新、传播和应

用的主要基地，也是培育创新精神和创新人才的摇篮。这非常明确地点出了目前教育上存在的不足和矛盾。

面对新的形势，教育在体制、结构、人才培养模式以及教育教学内容与方法等诸多方面相对滞后，"为应试而教，为应试而学"的倾向影响了青少年的全面健康发展，不能够很好地适应社会主义现代化建设和提高国民素质的迫切需要。深化教育改革，全面推进素质教育，加快培养具有创新精神和创造能力的高素质人才，已成为我们在未来竞争中赢得主动权，抢占制高点的关键。素质教育要求注重给学生以智慧和启迪，注重启发思考，激发学生的学习主动性和创造精神，使学生对现实和未来具有较强的适应性。素质教育反对"死读书、死教书"，要求教师不仅要能教书，而且还会育人；不仅能给学生以知识，而且还能给学生以获取知识的方法。素质教育要求学校给学生创造良好的学习氛围、学习条件，使学生的个性、特长得以发展的自由空间，保证学生的自我学习、自我管理、自我塑造、自我实践、自我发展的时间，要求让学生接受科学思维的训练和科学方法的熏陶。不但如此，学校还应用积极进取、勇于探索、不怕挫折、锲而不舍的献身科学与真理的精神引导学生。

通过素质教育，高等学校应把培养具有较强的社会适应能力、心理承受能力、人际关系协调能力、自我获取知识能力的全面发展人才，作为自己的努力目标。素质教育要求切实注重对学生适应性、和谐性和可持续性的培养。据此，我们必须彻底"转变那种妨碍学生创新精神和创造能力发展的教育观念、教育模式，特别是由教师单向灌输知识，以考试分数作为衡量教育成果的唯一标准，以及过于划一呆板的教育教学制度。"坚持以人的全面发展为本，注重人格、人品、个性、知识、技能、良好身心素质的协调、健康发展，努力改革人才培养模式，积极实行启发式和讨论式教学，激发学生独立思考和创新的意识，以培养学生的思想道德品质、社会实践能力、科学创造能力为重点，切实提高教育教学质量。学校的领导和教育工作者，特别是广大教师都必须清醒地看到自己身上的责任，及时做好教育管理，教育教学职能、内容，以及工作方式、方法的转变，正确处理好教书与育人、传授知识和培养能力、人格塑造与专业培养等诸方面的关系，重视发挥各方面、各学科课程的育人功能，真正保证"教书育人、管理育人、服务育人"的实现。

第二节　素质教育中的高校思想政治工作

面对新的机遇和挑战，高校思想政治工作如何适应并积极推进素质教育，如何增强思想政治工作的现实性、针对性和实效性，笔者认为应从以下几个方面着手。

一、充分发挥思想政治工作的渗透性和导向性功能

全面推进素质教育，必须要求高校思想政治工作注重渗透性和导向性的有机结合，注重把思想政治工作贯穿于素质教育的全过程，渗透到各个环节。长期以来，相当一些同志对思想政治工作的认识过于片面，认为思想政治工作的主要任务就是德育课程建设和党团组织活动，因此形成了就思想政治工作抓思想政治工作这样一种"孤军奋进"的被动局面，这种状况远远不能适应全面推进素质教育的需要。应当看到，学生的全面发展是一项系统的工程，思想政治工作应当体现在提高学生全面素质的全部工作之中，学生思想政治素质的提高是基于学生素质全面提高的基础之上的。因此，应当把思想政治素质教育放在人才培养的全过程中去系统地考虑，既要通过加强思想政治工作提高学生的思想政治素质，还要渗透、融合在业务素质、文化素质和心理素质教育之中。

二、转变高校教育管理模式和高校思想政治工作的模式

过去，高校教育管理模式不同程度地存在着重智育轻德育、重专业轻人文、重教育轻管理的倾向，不利于人才培养目标的实现。为提高学生的综合素质，高校应按照素质教育的要求调整管理目标，充分发挥课堂教学的育人功能，使高校的思想政治教育形成教师和思想政治工作者齐抓共管的局面。我国高校思想政治工作的模式一直采用的是集中型，即集中的组织、集中的教育、集中的活动和统一的要求。这种模式不能适应全面推进素质教育的要求，不利于学生的个性发展，不利于培养学生的创新精神、创新意识和创新能力。应当认识到，用集中的办法解决共性问题和达到一般要求，用分散的办法解决个性问题和做到"因材施教"，这两者的有机结合，才有利于人才的全面发展，才能达到全面推进素质教育的目的。因此，高校思想政治工作模式应当

由集中型向集中和分散相结合型转变。

三、高校思想政治工作应当加强对学生创新精神和实践能力的培养

面对世界科技飞速发展的挑战，我们必须把增强民族创新能力提到关系中华民族兴衰存亡的高度来认识。素质教育的核心是培养具有创新精神、创新能力的人才。理所当然，思想政治工作要着力培养学生的创新意识、创新精神，塑造其创造型人格及其与之相关的人格适应环境、承受挫折等能力。

掌握正确的思想方法，还能帮助学生正确对待青春期生理、心理的突变。青春期精力过盛，要把这种过盛的精力引导到学习、劳动和班级集体的活动之中。对此学校可以开展各类学习竞赛、技能比武、兴趣小组、文娱活动、爱校劳动等活动。青少年学生的充沛精力，不释放在积极的方面，就会释放在消极的方面，甚至释放在违法违纪方面。通过长期的有序的积极引导，学生就会形成正确的思维。

四、养成良好的行为规范

良好的行为规范就是合乎道德规范的行为，是指人们在一定的道德认识、道德情感、道德意志的支配和调节下所表现出的对他人、对社会的具体反应，它是一个人道德水平高低的主要标志。道德行为是在实践中逐步培养起来的。从某种意义上来说，一个学校学生的整体的行为规范程度是衡量这个学校德育工作效果的一把尺子。因此，抓学生的行为规范养成教育是德育工作的有效抓手。从知至行是一个复杂的道德形成的心理过程，要经历以情感和意志为中介的内化和外化两次飞跃。这其中只要个体在情感、意志的任何一个环节上出现障碍，飞跃就难以实现。同时，也要把创新方法及创新思维的训练体现在思想政治工作之中。要教育学生认识我国社会主义现代化建设还正处在艰难的创业时期，引导学生树立艰苦奋斗的精神，激发学生努力创新的动机，培养适应时代需要的创新精神。高校思想政治工作要注意培养学生的实践能力。培养学生的实践能力要以社会实践为切入点。社会实践是素质教育的大课堂，学生亲自参加精心组织、富有成效的社会实践活动，不仅是思想教育的有效途径，更是锤炼学生实践能力的最佳途径。在开展社会实践中，一是要突出实践的教育主题，引导学生围绕主题来开展活动；二是要提升实践层次，尽可能与课题研究结合起来，形成调

研成果；三是要拓宽实践内涵，把参加实践同服务社会结合起来。

五、高校思想政治工作评价体系和学生测评体系的指标应当向多维转变

全面推进素质教育，对学校及学校内的院系思想政治工作的评价就不能局限于"两课"建设、党团组织建设和活动等一些思想政治类的指标，而应当同时评价素质教育各方面工作中的思想政治工作的渗透力和有效性。对学生思想政治素质的测评，不仅要测评学生思想政治课学习情况、参加党团组织活动的情况和社会工作的表现情况，而且还要测评学生全面发展、勇于创新的表现和效果。把这些因素有机结合，才能比较全面准确地反映一个学生的思想政治素质状况。目前，部分高校对学生进行德智体美等综合素质的测评，并进行反馈和督导，对培养学生的综合素质具有导向作用，也是对学生个体素质进行定量考核的有效方法。高校要结合学校自身发展状况，建立和完善学校、职能部门和院系班三级评估体系，评估工作要注意体现个人价值与社会价值的统一、个体与群体的结合、质与量的平衡。

六、高校思想政治工作要努力提高学生思想道德素质的自我塑造能力

素质教育重在教育学生学会做人、学会生活、学会学习。同样，高校思想政治教育的重点在于教会学生怎样做人，即培养学生正确的思想道德品质的自我塑造能力。这种能力包括两个方面：一是价值观念的判断评价能力与选择能力，它相当于人体的免疫功能；二是价值观念的内化能力，它好比人体的造血功能。有了"免疫"功能，才能正确判断是非，抵制各种形形色色的思想诱惑，并从中选择对自身成长有益的与社会主义主流合拍的价值观念；而有了"造血"功能，才能将正确的价值观念内化为人生的信念，并将其作为人生道路上的航标定位。大学生在成长的过程中，很易受到各种外界因素的干扰，这有社会的原因，但更主要的是青年学生自身的可塑性强、自我塑造能力差的缘故。因此，学生的思想政治教育决不能停留在一般的道德和知识的灌输上，而应当把工作重心转移到思想道德素质的自我塑造能力的提高上。

七、高校思想政治工作要在方式、方法和手段上变革创新

为适应全面推进素质教育的要求，高校思想政治工作者要围绕素质教育这个现代教育的大课题，在继承和发扬优良传统的基础上不断更新和改进，要充分利用当代高新技术，开拓高校思想政治工作的新空间，使高校思想政治工作在方式、方法和手段上更具有时代感。要努力实施从"封闭型"教育方式向"开放型"教育方式的转变；从单纯"说教型"方式向"耐心教育与解决实际问题并重"的方式转变；从传统的教育手段向具有更多科技含量的现代思想教育手段转变。当前高新信息技术特别是信息网络技术发展很快，在社会生活的各个领域都产生了广泛的影响，为思想政治工作提供了现代化的手段，拓展了空间和渠道。特别是许多高校开通互联网之后，其信息容量大，传播速度快，覆盖范围广，又具有高度的开放性、交互性、广泛性、便捷性和匿名性，既难以控制和管理，又是多种政治力量都想争夺的新阵地和新领域，而且当代大学生又喜欢网上"漫游"。面对这一新特点，高校思想政治工作如果不改进形式和方法，还是停留在原来的"老面孔、老办法"上，不注意增强时代感，必然会在学生中缺乏吸引力。因此高校思想政治工作者，要学会运用现代信息理论和网络技术，主动出击，尽快占领网上思想政治工作的制高点，更有针对性地开展网上思想政治教育。

总之，面对全面推进素质教育的形势，高校思想政治工作者只有提高认识、转变观念、改进工作，才能抓住机遇，为全面提高学生综合素质，做出自己应有的贡献。

第三节　高校思想政治工作与素质教育的基本做法和主要成效

近几年，东北农业大学、哈尔滨工程大学、黑龙江大学和哈尔滨工业大学在全面推进素质教育中，把加强大学生的思想政治工作放在最重要的位置，并结合学校改革发展中师生员工的思想实际，采取切实有效措施，有针对性地开展思想政治工作和素质教育，取得了明显的成效。他们的基本做法和经验如以下内容。

一、切实加强领导，不断完善运行机制

近几年，四所高校都建立和健全了党委领导下的党政工团齐抓共管的思想政治工作体制、思想政治工作目标责任制、联席会议制度、三级学习会议制度。如黑龙江大学成立了由学校党委书记为第一责任人的思想政治工作指导委员会，负责全面统筹管理学校的思想政治工作。东北农业大学在全校教职工中建立健全了三级学习会议制度，并把最终落实放在基层党支部，要求党支部切实发挥作用。通过建章立制，使思想政治工作真正置于规范的教育活动之中，切实保证落到实处。

二、发挥两个课堂作用，深化"两课"教学改革

为充分发挥"两课"对青年学生理论教育、思想教育的主渠道作用。哈尔滨工业大学"两课"教学中强调要与人类文明结合起来，要与文化素质教育结合起来，通过院士、博导、学者的中西哲学、历史、法学、社会学、自身成长等讲座，引导学生树立正确的世界观、人生观、价值观。在具体教学中，把政治教育与增长学生政治才干、课堂教学与社会实践相结合，不断增强"两课"的实效性和针对性。哈尔滨工程大学加大对"两课"的投入，加强"两课"师资队伍建设，设立教师创新奖；重视"两课"教师社会实践，采取走出去，参观大中型企业，促使"两课"教学更加理论联系实际；黑龙江大学实施"532"工程，深化"两课"教学改革，即"两课"在保证学时数和工作量的前提下，将教学总学时数分解为"课堂教学：读书与写论文：社会调查与实践＝5∶3∶2"，并把这三者分别按一定比例计入教师工作量，列入学生成绩考核之中。

三、建立全方位育人体系，努力培养全面发展的合格人才

哈尔滨工业大学在全员育人工作中提出了"科学理论武装人，课程教学培育人，良好校风熏陶人，校园环境陶冶人，文化活动滋润人，榜样示范引导人，严格管理规范人，服务指导温暖人，党团生活激励人，社会实践锻炼人，自我管理启发人，精雕细刻塑造人"12个方面全员、全过程、全方位育人体系，特别是学校建立并切实落实德育工作责任制及激励机制，形成了五个全员育人系统，即思想教育系统，教书育人

系统，服务育人系统，管理育人系统，学生的自我教育、自我管理、自我服务系统，并明确每个系统的职责，这些做法值得借鉴和推广。

四、不断深化教学改革，全面推进素质教育

黑龙江大学经过多年的探索与实践，形成了学校深化教学改革、大力推进素质教育的一整套方案与做法。具体而言，就是实施"534"方案，即"实施五个工程""构建三级平台""推进四项建设"。①实施"五个工程"，构建复合型人才与创新人才培养模式。对文科学生，实施"读书工程"；对理科学生，实施"创新工程"；对外语专业学生，实施"复合型人才培养工程"；在"两课"教学中，实施"532"工程；大学外语教学，实施"因材施教，分流教学"工程。②推进学院制、学分制、现代教育技术改革与建设，构建素质教育的"三级平台"，即推进学院制建设、专业与课程体系改革，为素质教育的培养模式提供基础平台；通过学分制管理，构建素质教育模式，为复合型人才与创新人才培养提供"运行平台"；推进教学手段和教学管理手段的现代化、现代教育技术的开发和应用，为进一步深化教学改革初步提供"支持平台"。③加快教学改革的四项推进：推进教学内容和教学方法的改革；加快高学历、高水平、高素质师资队伍的建设；推进学风建设，完善考试与成绩管理制度；建立和完善教学评估体系，改变行政化的教学评价评估方式。哈尔滨工业大学实施素质教育，以大教育观为基础，确立大工程观，强调基础课，帮助学生树立科学观，专业课帮助学生树立大工程观，"两课"帮助学生形成人生观、价值观。哈尔滨工程大学、东北农业大学在素质教育方面也进行了积极的探索。

应当说，这四所高校近几年在思想政治工作、师德教育、素质教育的工作成效是显著的，思想政治工作做到了队伍没有散、工作没有断、方向没有转，素质教育促进了教育教学质量、人才培养质量的提高。

调查研究表明，四所高校师生的思想状况较前几年有了新的进步，突出表现在对党的高度信任以及强烈的爱国热情和社会责任感增强，师生思想呈现出稳定、健康、积极向上的态势。70%以上的学生赞同个人利益应服从国家利益、市场经济需要雷锋精神、奉献是人生最大的乐趣，胸怀祖国、服务人民的，超过60%在评价一个人的价值标准上，对社会贡献的大小（65%）、人格是否高尚（59%）、对崇高理想的追求（54%）居前三位。

大学生全面发展自身素质、努力成才的愿望和自觉性较强烈，60%以上的同学把在校期间的学习目标定位在成长为宽基础、强能力、高素质的创新人才。对于毕业后的首选目标是继续深造，考硕士生、博士生。同时也显示学生个性、主体意识有所增强，更富于理性化和情感化，在未来择业一栏中考虑实现自我设计、自我选择和有利于个人发展的达到了58%，另有36%选择了兼顾国家需要与个人兴趣。赞同"我为人人、人人为我"和"现代人应该能挣会花"的接近70%。从总体上来说，师生对于所在学校的党建、思想政治工作、德育工作、素质教育等工作是满意的，满意率接近60%。

第四节　高校思想政治工作与素质教育面临的机遇和挑战

一、思想政治工作在素质教育中具有重要的地位

1. 思想政治工作在素质教育中的重要地位是由社会主义教育的本质决定的

在阶级社会里，教育具有鲜明的阶级性。我国是社会主义国家，社会主义教育必须为社会主义建设培养合格的人才。社会主义教育培养的人才必须有正确的政治方向和政治立场，高尚的思想道德情操，正确的人生观、价值观，有为社会、为人民献身的精神。

2. 思想政治工作在素质教育中的重要地位是由培养社会主义现代化建设人才的教育目标所决定的

社会主义现代化建设需要"有理想、有道德、有文化、有纪律"的"四有"人才。所谓有理想、有道德就是指人的思想政治道德，这主要靠思想政治工作来培养。

3. 思想政治工作要巩固其在素质教育中的重要地位

思想政治工作要始终把坚定正确的政治方向放在第一位，加强对学生进行爱国主义、集体主义和社会主义思想教育。教育学生坚持学习文化知识与加强思想修养的统一，坚持学习书本知识与投身社会实践的统一，坚持实现自身价值与服务祖国人民的统一，坚持树立远大理想与进行艰苦奋斗的统一。

二、思想政治工作在素质教育中的作用

1. 思想政治工作为素质教育保证方向

高校思想政治工作以提高大学生的思想政治素质为目标，思想政治素质教育是当代大学生素质教育的核心，思想政治素质的高低是人才质量的重要体现。社会主义教育的性质决定了思想政治工作的任务是帮助学生树立正确的人生观、价值观和世界观，从而为素质教育指明了方向。

2. 思想政治工作的内容

为素质教育提供了理论基础，思想政治工作的内容主要是用马列主义、毛泽东思想和邓小平理论教育学生、武装学生的头脑，使学生具有较高的政治觉悟和理论水平，这是素质教育最基本的要求。

3. 思想政治工作

为全面实施素质教育创造条件，首先，通过深入细致的思想政治工作，使学生认识到自己肩负的重任，增强素质意识，为全面提高自身素质提供动力。其次，通过深入细致的思想政治工作，教育学生树立正确的人生观、价值观，掌握马克思主义的基本观点，充分运用辩证唯物主义和历史唯物主义的观点分析解决问题，为素质教育提供科学的方法和途径。

三、素质教育对思想政治工作提出了更高的要求

（一）素质教育要求思想政治工作要更新观念

素质教育要求思想政治工作要转变教育观念，形成与素质教育相适应的思想政治工作模式，要提高学生的全面素质，高校的思想政治工作必须首先实现自身观念的更新，只有符合素质教育的要求，才能发挥出自身的优势；否则，思想政治工作就会僵化，就会缺乏生机和活力，就不能发展，更不会有所作为。在素质教育中，做好学生思想政治工作，培养学生现代化的思想和观念，把学生的智慧、积极性和创造性充分地激发出来，努力掌握科学文化知识，对全面提高学生的自身素质具有积极的促进作用。

（二）素质教育要求思想政治工作手段要现代化

思想政治工作必须结合学生关心的热点，结合学生的具体需要，结合专业知识的学习来开展工作。在方法上要坚持多样化、多渠道。在手段上，要充分利用先进的科学技术成果，充分利用电影、电视、计算机信息网络等媒体，进行全方位的教育，提高思想政治工作的实效性。

（三）素质教育对思想政治工作队伍提出了更高的要求

素质教育的成效，与思想政治工作队伍的水平紧密相连。思想政治工作队伍是进行素质教育的一支重要力量，是协调学校、社会和家庭等各种教育力量的枢纽。素质教育中要求思想政治工作队伍必须具有正确的政治立场，敏锐的政治意识，具有坚实的马列主义理论基础和广博的知识面，同时，要掌握现代化的科技手段，熟练操作计算机教学辅助设备。这是每一个思想政治工作者所必备的素质。

我们在充分肯定高校思想政治工作和素质教育取得显著成绩的同时，也必须看到新形势下高校思想政治工作、素质教育面临的机遇和挑战，面临的一系列新情况、新问题。从总体上看，面临的机遇和挑战主要来自五个方面。

（1）当今国际局势总体上趋向缓和，政治多极化和经济全球化趋势将进一步发展，以美国为首的一些西方国家竭力推行霸权主义和强权政治，采取多种攻势遏制我国的发展和强大。

特别是千方百计地用资产阶级意识形态和价值观对我国人民特别是青年进行渗透、腐蚀，企图摧毁青年一代的社会主义理想信念、民族自尊心和道德情操，特别是随着经济全球化的发展和我国加入 WTO，西方各国思想文化将不可避免地对我们的主旋律文化带来巨大的冲击，将潜移默化地扭曲、侵蚀和消磨我国青年的马克思主义世界观、人生观、理想信念、道德伦理、民族认同感，这种意识形态的入侵和占领，要比军事入侵和占领更具危害性。

（2）科学技术的迅猛发展，知识经济已初见端倪，经济和科技结合日益紧密，科技和知识的载体——人才的竞争在今后的经济发展和竞争中也将处于越来越重要的地位。科技的大力发展，大大推动了社会生产力的发展，将引起社会的经济结构、组织结构、运行方式、管理模式以及社会成员生活方式的深刻变化，使人们的思想观念也正在发生着巨大的变化，特别是信息网络技术的迅速发展，使信息的传播手段得以拓展，信息的传播速度日益加快，人们的知识视野极大地扩大，这为改进思想政治工作和推进素质教育拓展了空间，增添了新渠道和现代化手段。但由于互联网上信息庞杂多样、精华与糟粕并存，色情、暴力、邪教信息、反党反社会主义的言论，以及危害学生健康成长、危害社会稳定的各种谣言等大量存在，这又对高校的思想政治工作、素质教育将产生极其不利的影响。不少学生整天迷恋于网络，严重影响了正常学习，受网络的影响，部分学生道德素质下降，人际交往疏远，情感淡漠，更有甚者，严重影响身心健康。如何应对科学技术发展带来的挑战，如何应用新的传媒，趋利避害，拓宽渠道，提高时效性，增强影响力，已成为高校思想政治工作不能回避的艰巨任务和现实课题。

（3）我国经济、社会形势的深刻变化。随着社会主义市场经济的逐步建立以及改革进入攻坚阶段、发展处于关键时期，带来了经济、社会生活的深刻变革，形成了社会经济成分和经济利益、社会生活方式、社会组织形式、就业岗位和就业方式等日益多样化，使人们包括高校师生员工的活动方式、交往方式、思维方式和价值取向发生了很大变化。

（4）高等教育改革与发展的不断深化。随着高等教育管理体制改革的推行，高校之间的调整、合并，使得高校的学科日益融合渗透，学术氛围更加趋向综合化，校园文化更加多样化。部分调整合并高校的师生思想情绪还存在这样那样的问题。这些都有待学校党的建设和思想政治工作去积极适应和努力解决。特别是高校扩招及后勤社会化的推进，学生原有的学习、生活方式及管理方式都发生了变化，这就给学校日常管理和思想政治工作带来了新的课题。

（5）素质教育的全面推进及劳动就业方式的变化。近几年，各高校围绕实施素质教育开展了大量卓有成效的工作，但从培养具有创新精神和实践能力的高素质人才要求来看，学校的人才培养模式、管理模式、教学内容及课程体系、教学方法亟待进一步改革，教育质量、人才培养质量亟待提高，这都要求学校的党建和思想政治工作提供强有力保证。劳动就业制度改革，大学生毕业不包分配、面向市场、双向选择、自主择业，这已逐步被大学生和社会各界接受，操作过程也逐步走向规范化，但由于种种原因，近年来，大学生就业愿望与实际情况的矛盾依然突出，使部分在校生感到前途渺茫，学习积极性不高，政治热情下降。另外随着招生收费制度改革，上大学交费已逐步为人们所认可，社会上的贫富差距拉大自然在高校形成学生的贫富差距，一部分学生家境贫困，学习、生活有较大困难，虽然学校采取多种方式给予资助，但学生因此而产生的自卑感、心理压力，影响着这些学生的学习、思想和生活。这是市场经济中不可避免的现象和问题，我们应高度重视。面对新的形势、新的机遇和新的挑战，我们还必须看到，学校的思想政治工作、素质教育还存在一些薄弱环节和问题，这些问题在全国其他高校也不同程度地存在着，主要表现在以下几个方面。

（1）对于新形势下加强和改进思想政治工作，实施素质教育的必要性、重要性、迫切性认识不足，不同程度地存在着"一手软、一手硬"的现象。往往重视教学、科研、管理等工作，而忽视了思想政治工作的地位和作用，责任不是太明确、工作不是太落实，党政各部门尚未完全形成共同做好思想政治工作的局面，每个部门应当抓什么、怎么抓，各自承担什么责任和如何考核还不十分明确，没有必要的制度保障。思想政治工作常常是说起来重要，做起来次要，忙起来不要，往往游离于日常教学、科研、管理之外，不能及时发现并有效解决广大师生深层次的思想认识问题。

（2）思想政治工作、德育工作与素质教育没有有机地统一起来，协调一致。应当说，素质教育与思想政治工作培养人才的目标是一致的，只是囿于传统的教育教学、德育工作、思想政治工作、党建工作条块分工过于僵化，协调合作不足，造成各唱一台戏、相互不协调的局面。思想政治工作不能有效渗透于学生的科学文化知识学习和综合能力素质培养，教师只注意专业、基础课文化知识教学，忽视教书育人。推进素质教育，往往认为是行政的事，是教学部门的事，而思想政治工作、德育工作又是党委和政工干部的事。

（3）对素质教育存在片面性认识，对思想道德素质在大学生全面素质中的主导作用认识不够，片面强调技能教育，使学生在提高自身素质的过程中，舍本求末，不重视思想道德素质，不重视基础理论学习，而过分追求一般技能的学习（如汽车驾驶、计算机应用等），使学生浮于知识表面，发展受到很大影响，与高素质人才要求有很大距离。部分学生存在着专业素质偏低，知识面较窄，人文素质欠缺，实践能力较差的问题。同时部分大学生的体质也存在着不容忽视的问题，正如一位高校领导所说，大学生看球的多，踢球的少；化妆的多，健美的少；讲营养的多，讲锻炼的少。大学生的全面素质状况，在我们的调查中，可以看出，大学生对于自身的理想信念、社会责任感、道德水平、艰苦奋斗精神、协作精神、科学精神、奉献精神、心理素质、学术素养、实践能力,认为强、较强的占35%~40%,认为一般、较弱、很弱的占60%~70%,特别是对于道德水平、社会责任感、艰苦奋斗精神、协作精神、创新精神、奉献精神、心理素质、法律知识、实践能力,认为较弱、很弱的占30%以上。问卷中对素质教育的综合满意率50%,略强,其中对创新能力和实践能力认为一般和不满意的近60%。

（4）学校思想政治工作覆盖不到位的问题还一定程度存在,薄弱环节也相当突出。表现为教职工思想政治工作相对薄弱,优秀青年知识分子思想政治工作乏力,教师师德教育需进一步下大力气加强。教职工深层次的思想问题、兴奋点比较难找,教职工思想政治教育形式单调、效果较差;一些教研室、党支部思想政治工作处于维持局面;对于青年学术带头人、骨干教师等一批优秀知识分子,缺乏细致的、深入的思想政治工作。

（5）大学生的思想政治工作的内容、方法和途径还不能适应学生思想倾向和价值观的变化。目前学生思想政治工作,问题看到的多,研究的多,但方法不多,途径不多,有效的教育实践不多。所取得正效益被负效益消解,学校教育被社会影响消解,形象地说:5+2=0,即学校5天正面教育,加上2天休息,总教育效果为0。由于各种负面效益影响,一些青年学生缺乏远大理想信念,对基本理论问题有模糊认识,社会责任感差,不同程度地趋向功利,注重自我价值取向多元化,学生心理素质、承受能力比较弱,特别是一些独生子女大学生,顺境多、逆境少、捧的时候多、批评时候少,缺乏独立的人格,心理素质差;部分学生由于学习、就业、经济等压力的增大,心胸狭隘,逆反心理和对抗心理强,嫉妒心重,性格脆弱、自卑,挫折承受能力差。学校的心理健康教育机制还不能满足学生日益复杂的心理矛盾的需要。青年学生虽然入党积极性高（党员人数达到在校生的10%左右）,但动机复杂,功利性较强。研究表明:主要动机是信仰共产主义,为他人和社会多做贡献占45%;作为自我发展创造条件的占39%;其他动机占16%。针对这些问题,思想政治工作应在内容、方法、途径上不断创新。

（6）思想政治工作队伍建设有待进一步加强。随着高校招生规模扩大,政工干部工作职能的转变和工作范围的拓展,使政工干部人数相对不足。从管理模式上,由传统的教育管理模式转变为教育、管理、咨询、服务、保障为一体的新模式,这就要求政工干部必须是懂教育、会管理、有学问、有专业。从目前状况看,政工干部队伍的素质还不是太高，特别是第一线的辅导员，大多是近几年毕业生，年纪轻、资历浅、经验不足、理论水平不高、综合素质与现代技术和信息了解程度有的甚至还不如高年级学生，且高高在上，与学生无共同语言。这造成了他们在学生中难以有较高的威信，影响了政工干部的形象和作用的发挥。研究中，对政工干部很满意和比较满意的占50%左右，一般、不满意和很不满意也占50%。特别是学生对在学校学习、生活、成长中遇到困难或问题，最愿意找谁倾诉和帮助解决，50%以上同学选择朋友，而选择班主任、辅导员仅7.9%，任课老师0.5%，党团组织2.2%，心理咨询人员0.8%。一方面说明政工干部的作用发挥不够，另一方面也说明政工干部的素质、工作方法、内容都要提高和改变。另外，还由于对政工干部的认识以及考核、评价、职称评定等问题，造成队伍不稳定、流失现象严重，对于这些问题，我们必须高度重视。

第五节　加强和改进高校思想政治工作实施素质教育

面对国际、国内形势的发展和变化，面对新的机遇和挑战，针对思想政治工作、素质教育存在的问题，结合学校的实际，我们认为在新形势下，加强和改进思想政治工作，以及实施素质教育应当紧紧围绕培养社会主义事业的建设者和接班人这个根本任务，从社会主义核心价值观的高度，把握思想政治工作、素质教育创新的立足点和着力点，以思路创新为前提，以教师队伍建设为关键，以素质教育为核心，以制度建设为保证。就此提出如下思考和建议。

一、以思路创新为前提，着力实现思想政治工作

思想政治工作是一门科学，科学的生命力在于创新。因此在新形势下，高校加强和改进思想政治工作、实施素质教育必须大力提倡和鼓励创新，要正确处理好加强和改进、继承与创新的关系，加强与改进，重在改进，继承与创新，重在创新。必须针对上述存在的问题，确立新的思路、新的方法和新的运行模式，应着眼于"五个结合"，从"五个做到"入手，重点注意"三个问题"。

1. 五个"结合"

一是结合国内外形势的发展。思想政治工作要与时俱进，紧密结合经济和社会发

展的形势，不断充实内容，丰富内涵。当前及今后必须以"理想信念教育"为核心，在习总书记地指导引领下，对大学生深入进行党的基本路线、基本纲领和马克思主义世界观、人生观、价值观教育，进行爱国主义、集体主义、社会主义和艰苦创业教育。引导广大师生树立建设中国特色社会主义的共同理想，坚定对马克思主义的信仰，坚定对社会主义的信念，增强对改革开放和现代化建设的信心，增强对党和政府的信任。二是结合高等教育的改革。要结合学校招生、就业制度的改革，继续通过学生就业指导中心、心理咨询中心等，积极开拓思想政治工作的新途径、新阵地，开展增强大学生的市场经济观念、创新意识和就业意识的思想教育，帮助他们调整好自己的心态，以良好的精神风貌和较好的综合素质迎接各种考验和挑战。三是结合学校的中心工作。思想政治工作要强化中心意识和服务意识，其内容的设置、方法和手段的运用，都要围绕并结合学校的教学、科研及人才培养等中心工作来安排和考虑，这是思想政治工作的切入点和着力点，要努力把师生员工的力量凝聚到实现学校的工作目标上来，凝聚到实现改革发展稳定的各项任务上来。四是结合师生员工关心的问题。要善于从利益动因上分析师生员工的思想变化，针对教职工密切关心的职称、住房、进修提高等问题，针对学生关心的学习、就业、生活（伙食、住宿）等问题去做思想政治工作，以提高针对性和实效性。五是结合具体业务工作去做，把思想政治工作渗透到高校各项具体工作中去，使思想政治工作贴近师生、贴近工作实际、贴近思想，变思想政治工作与业务工作"两张皮"为"一张皮"。

2. 五个"做到"

一是把思想政治工作做到基层一线，即做到教研室、党支部，做到学生班级、学生社团、学生宿舍中去。教研室、党支部主要对教师进行献身教育、敬业爱岗精神教育，进行师德教育；做好学生班级、学生宿舍思想政治教育，主要是通过创建文明班级、文明宿舍等方式，启发学生自我教育、自我提高，特别应关注由于实行学分制造成的班级概念弱化，由于后勤社会化造成的学生宿舍社区化问题，探索新的管理教育路子。二是把思想政治工作做到师生员工心里。师生最反感的思想政治工作是不解决实际问题的空洞说教。思想政治工作要同解决师生员工实际困难，与为师生办实事结合起来，要经常到师生中去，听取他们的意见、呼声，了解、把握他们的心理需要和存在的实际问题，在开展思想教育时，既要讲道理、解决问题，又要办实事，多做得人心、暖人心、稳人心的工作，对于一时难以解决和办到的事，应及时向师生耐心地讲清道理，以取得他们的理解。三是把思想政治工作做到矛盾比较多的地方。思想政治工作的重要职能是化解矛盾、凝聚人心，应当使工作深入学校内部管理体制、住房、工资、职称评定、后勤社会化等一系列改革引发的诸多利益矛盾中，释疑解惑，理顺情绪，提高教职工的积极性。应当引导学生缓和自我期望值高与招生就业等改革实际状况之间的矛盾，引导学生化解因就业竞争、经济困难和学习压力所形成的思想矛盾、心理矛盾，引导学生树立正确的人生观和价值观。四是把思想政治工作做到比较薄弱之处。高校思想政治工作中存在的一些薄弱环节，主要是教职工思想政治工作、师德教育、优秀青年知识分子、学生思想政治工作队伍、学生思想政治工作等。五是把思想政治工作做到问题产生之前。要定期分析形势，研究对策，全面、及时、准确地掌握师生思想发展状况，认识其走向，预见其趋势，增强主动性，提高自觉性，使问题在风起青萍之时得到解决。

3. 重点注意"三个问题"

一要注意吸收新的科研成果，利用现代科技改进和武装思想政治工作的手段和载体，当前尤其要高度重视利用互联网，通过发挥网络宣传的强大优势，趋利避害，加强对信息网络的监控和管理。学校可组织力量在网络上开辟"理论教育"网站、"育人指导"网站等，增强思想教育的辐射力、吸引力和感染力。二要注意积极建设健康、高雅的校园文化，提高校园的文化品位。办好校报、广播、有线电视、墙报等，正确把握导向，唱响主旋律；要根据大学生的成长规律，体现不同的特点和层次性，组织好文化、学术、体育、科技、娱乐等活动，使校园文化健康高雅、丰富生动，充分发挥校园文化的育人功能。三要注意坚持以人为本，努力探索变"说教式"为"引导式""号召式""激发式"，变"我打你通式"为"参与互动式"的做法，注意吸收和借鉴历史学、心理学、社会学、教育学、美学等相关学科的科研成果，改进工作方法，可采取平等讨论方法、吸引师生广为参与的方法、师生自己教育自己的方法、批评与自我批评的方法，把思想政治工作做得人情、人理、人耳、人脑、人心。

二、以教师队伍建设为关键，强化全员育人意识，构建研究型育人队伍

1. 强化教书育人意识，积极构建全方位研究型育人体系

针对教师队伍建设中的薄弱环节，特别是部分教师的"重教书、轻育人"的倾向，以及政工干部居高临下、与学生无共同语言的问题，我们建议高校应强化教书育人意识，积极构建全方位研究型育人体系。教师作为高校教育教学和人才培养的主体，应该承担起教书育人的职责，努力成为研究型育人队伍的主体。既要研究科学，努力成为优秀科学家，同时又要研究教育的规律、特点，要善于、勤于研究学生的理念、学生的学习心态。"两课"教师要通过教学研究，把理论教育和人生观、价值观教育结合起来，帮助学生树立正确的人生观、价值观；"基础课"教师要通过教学研究，把知识传授与科学观的树立结合起来，帮助学生树立科学观；"专业课"教师要通过教学研究，把专业知识讲授与事业观的树立结合起来，帮助学生树立事业观。高校教师只有进行深入的研究，才会有心得、有体会，才能把自己实施的教育切实内化为学生成长的动力，才能在思想上、道德品质上、学识学风上，为人师表，率先垂范，既教给学生以知识、培养他们的能力，又教会学生如何做人。政工干部队伍要把思想政治工作、德育工作作为一门学问、一项事业，去研究、去探讨、去奋斗、去实践，要认真研究理念，研究社会形态对人的影响，研究学生的思想、行为、发展的特点、规律，了解他们的思想状况和心理需求；应该努力学习现代科技知识，包括政治、经济、哲学、历史、文学、艺术、网络技术等，努力提高自身的政策理论水平和全面素质；力求与学生有共同语言，在进行"教育、管理、咨询、服务"中，平等对待学生，作学生的朋友。这样才能在学生中有威信、有地位，工作才能有影响力、有感召力，才能与学生心心相印，保证思想政治工作的实效性。学校的管理人员、教学辅助人员及其他专业人员应当认真研究如何以教学和培养人才为中心，做好本职工作，成为研究型的管理育人队伍。后勤服务人员等也应当为保证教学和培养人才提供条件保障和全方位的服务，做到服务育人。最终形成一个纵向到底、横向到边、齐抓共管的全员全方位研究型育人体系。

2. 高度重视优秀青年知识分子的组织发展和思想政治工作

在学校里，青年学生心目中最崇拜的是知识渊博、人格高尚、高素质的人，特别是优秀青年知识分子，与青年学生没有代差，成长的环境、条件与现代学生大致相同，因此，他们与学生之间会有更多的共同语言，他们的成才对青年学生的成长具有榜样的力量、具有示范的作用。然而，多年来，由于各方面原因，出现优秀青年知识分子中的党员比例还比较低，且逐年下降，思想政治工作乏力的现象，一定程度影响了他们的形象。对于这些问题，高校应加大对优秀青年知识分子教育培养力度，本着积极稳妥的原则，既坚持标准，又不求全责备，努力把他们吸收到党内来，最大限度地把他们团结在党的周围，使他们成为青年学生成才的楷模、学习的榜样，成为体现中国先进社会生产力的发展要求和先进文化的前进方向的重要组成部分。

3. 推行"三级联系制"和"导师制"

针对思想政治工作队伍中存在的任务重、人员少、年纪轻、能力平、素质弱等问题。我们建议在高校中可实行"三级联系制"和"导师制"，即校领导每人联系 1~2 个院（系），中层干部每人联系几个班级，教师每人联系 15~20 名学生。学生一入学就确定导师，做到四年联系不断线，导师亦可由在校博士生、硕士生担任。导师主要对学生进行帮思想、帮学习、帮生活，进行成才引导、心理疏导，做学生的良师益友。这种做法既可以增强各级领导、广大教师的育人意识、责任意识，又为思想政治工作队伍注入了新的活力，增强了战斗力。

三、以素质教育为核心，突出创新精神和实践能力培养

高校全面推进素质教育的根本目的是培养高素质的人才，重在促使青年学生创新能力、个人潜力的充分发挥，综合素质的全面提高。但由于如前所述的对素质教育的片面认识，造成了在素质教育中存在着不少问题和误区。着眼于此，我们建议全面推进素质教育，应当从以下四个方面入手。

第一，尽快实行完全学分制。针对全国大部分高校实行学年学分制，存在的培养目标、培养模式相对比较单一、学生选课的自由度相对较小等问题，应尽快实施完全学分制。这样可以加大教学制度的灵活性，增加学生学习的自主权，给他们提供适合自己特点的全面发展的机会，切实让素质高、能力强、有创新意识的学生脱颖而出。

同时，对教师也是一个较好的竞争和激励机制。教师一方面要教学生，另一方面也要接受学生的选择，要求教师必须不断更新知识，改革教学方法和手段，提高教学质量，多开课，开好课，满足学生的需求。当前，实行完全学分制重点应放在观念转变、完善选课制、优秀学生重点培养制度及强化实践和创新能力的培养上。观念转变就是要转变把人的全面发展视为群体平等发展的观念，转变对学生的"包下来、管下去"的观念，激励学生发展个性，使每个个体的潜能最大限度地发挥，树立学生是学习主体的思想；完善选课制，主要是把选课机制真正引入教学过程，学生能自主按要求选读课程，选择不同的任课教师；鼓励在校学生直接参与科学研究和科技开发，学校实验室，应尽快实行"全校、全天"开放。通过学分制的推行，逐步形成一个由主修专业、辅修专业、双学位、优秀本科学生直接攻读硕、博士等构成的优秀生重点培养体系。

第二，建立新型学生综合素质评价体系。传统的观点评价一个学生好坏，主要是看学习成绩、考试分数，而思想品德、创新精神和实践能力的评价指标不明确，造成评优、推荐研究生等过程中，往往只注重学习成绩，而忽视其他方面。在这种导向下，青年学生的思想道德品质、创新精神、动手能力的培养就受到极大的影响，这些对人才培养是极其不利的。新的学生素质综合评价体系，应从学生德、智、体、美等方面进行评价，不仅看学生的考试分数，还要看素质的全面发展，不仅要看身体健康，还要看心理健康，不仅看学习能力，还要看创新能力和动手能力等，应当包括思想道德素质、科学文化素质、科技创新素质、身心素质几个方面，其中思想道德素质是灵魂，科学文化素质是核心，科技创新素质是主干，身心素质是保障。要按照上述几个模块，确定系数，尽可能对每一个模块进行量化评价。

第三，进一步深化"两课"教学改革，引导大学生不断提高思想道德素质。"两课"教学的重点是邓小平理论"三进"。"三进"的重点是"进学生头脑"，而进学生头脑，首先是教师先进头脑，只有使教师进了头脑，"两课"教学才会丰富、才会生动、才会有效。一方面，要通过积极组织教师开展社会调查、参观大中型企业，让他们了解国情、民情、社情，帮助教师牢固树立科学的世界观、人生观、价值观，切实提高他们的思想道德素质和业务教学水平。另一方面，要在"两课"教学中贯彻理论联系实际，注重提高实际教学效果的原则，在保证学时数和工作量的前提下，可将教学总学时数分解为"课堂教学：读书与写论文：社会调查与实践＝5：3：2"，并把三者分别按一定比例计入教师工作量，列入学生成绩考核之中，这种做法可有效地克服传统的"两课"说教式、灌输式的方式和考试就背观点的套路，同时把学生读书、写论文、社会调查与实践作为"两课"教学的50%内容来改革，可以使学生有更多的时间去读书、领会、参与社会实践，进而在读书中增长知识和才干，在社会实践中提高思想认识和能力，最终使自身的思想道德素质真正得到强化。

第四，突出创新精神和实践能力培养，全面推进素质教育。学校要确立"注重创新，勇于实践"的人才观，积极创造宽松的环境，营造创新的氛围，激发学生独立思考和创新的意识，培育学生科学的批判精神和探究、发现能力，开发学生各自的创新潜能。可通过设立创新学分、科技实践学分以及创新奖学金，鼓励学生创新。应加大实验教学的改革力度，突出"方法""技能""创新"训练，突破实验课教学跟着课程走，建立由验证性、设计性、综合性以及创新性实验组成的实验教学体系。可实施"大学生研究创新计划""大学生社会实践计划"，形成强化实践和创新能力培养的新体系。实施大学生研究创新计划，主要是通过引导大学生参加科研方面的训练，锻炼学生的实际才干和协作精神，促进学生创新能力的培养；实施大学生社会实践计划，主要是引导大学生走出校园、走向社会，深入实际，了解情况，增强学生的实践能力，提高他们的全面素质，最终使大学生努力成长为"厚基础、宽知识强能力、高素质、会创新"的现代人才。

四、以制度建设为保证，推进思想政治工作和素质教育法律化、制度化建设

高等教育承担着实施科教兴国战略，培养社会主义事业建设者和接班人的历史使命，必须在依法治国的方略下，实行依法治教。思想政治工作、素质教育是高校实现人才培养目标的根本途径，属于教育范畴，应当也必须依法治教。从一定意义上说，法律制度对于师生具有压力、动力、助力和约束力，一个好的有效的法律制度会以强制性和直接性把师生引向有"素质"的行为，它比空喊多少遍"加强和改进思想政治工作、推进素质教育"的口号有效得多。

《高等教育法》是高等教育的基本法。因此，高校加强和改进思想政治工作，全面推进素质教育必须以《高等教育法》为准绳，充分运用这一手段，把师生的教育、管理规范法规定的权益、职责和管理制度上，规范在学校各项规章制度，把思想政治

工作、素质教育的内容和要求完全融于法规之中、道德之中、规章制度以及岗位职责之中，使自律与他律，内在约束与外在约束有机结合起来，使师生切实明确《高等教育法》《教师法》规定的权利和义务。对于高校的教师，要依法从教，自觉履行法律规定的义务，忠诚于人民的教育事业，切实提高自身的思想道德素质和综合素质，努力成为先进思想文化的传播者、先进科学技术和优秀精神产品的开拓者、学生健康成长的引路人。

对于高校学生，要依法求学，按照法律明确规定的义务，应当遵守纪律、法规，遵守学生行为规范和学校的各项管理制度，尊敬师长，刻苦学习，增强体质，树立科学的世界观、人生观、价值观，具有良好的思想品德、宽厚的基础、较强的能力和较高的素质。这是高校每一位教师、学生所必须积极履行的法律所规定的义务。高校的思想政治工作、素质教育应当与此结合起来，以此来要求、规范教师和学生，做到依法治教，使思想政治工作、德育工作、素质教育工作法律化、制度化。

总的来说，高校改进和加强思想政治工作，实施素质教育，机遇与挑战并存，机遇大于挑战，希望与困难同在，希望大于困难。因此，高等学校必须进一步增强责任感、使命感和紧迫感，勇于应对挑战而不是畏缩不前，善于抓住机遇而不是丧失机遇，敢于直面困难而不是畏难停滞。只要我们牢牢坚持以培养社会主义事业建设者和接班人为根本，积极主动适应形势发展的要求，深入仔细地研究国际国内的新形势、新变化、新情况、新问题、新要求，探索新形势下面向 21 世纪做好思想政治工作、实施素质教育的规律、特点和办法，我们就一定能够把高校的思想政治工作、素质教育搞得更好，一定能够为科教兴国战略的实施、为社会主义事业的健康顺利发展培养合格的建设者和接班人。

第四章 文化软实力视角看高校思想政治教育

思想政治教育是一种特殊的文化形态，两者的运行逻辑具有共性的方面。思想政治教育在与文化的相关性中实现着价值。

认识和把握思想政治教育与文化的相关性，对于提高思想政治教育的效果，保持思想政治教育的长久生命力，具有重要意义。

第一节 思想政治教育：一种文化的分析视角

一、从思想政治教育对文化的统领到两者在相对独立空间下的借鉴与融合

文化不单是表现人认识周围世界的程度，还有助于实现启发人的目的，即有助于探索人的最有效的新认识形式强化对自然界自发力量的支配。而忽视文化功能的后果就是"思想政治工作长期摆脱不了经验主义和教条主义的束缚，空话连篇，单调无味，缺乏文化意识和科学态度。"

因此，应充分认识文化的认识功能、传递功能及规范功能。20世纪90年代初期，人们开始提出要正确处理社会思潮与思想政治工作的关系问题。在这里，人们把社会思潮看成是影响思想政治工作的精神环境。还有人从语言学的角度提出，针对教育环境和受教育者的心理，应提高思想政治教育的语言艺术。在习惯了千篇一律、刻板单调的模式化思想教育的语言环境中，此类观点也具有较大的价值。

进入21世纪以后，一方面，思想的解放带来了文化的复兴。另一方面，经济发展水平的提高，也为文化的发展奠定了基础。中外文化的交流与融合，也促进了文化的繁荣。而思想政治教育无论是其承担的历史使命的变化，还是其自身理论的不断丰富，都促进了思想政治教育学科的成熟。这一时期关于思想政治教育与文化相关性的理论

研究逐渐增多，其主要观点表现在：

第一，文化对思想政治教育的影响。

一是，先进文化和思想政治工作存在着契合点。先进文化浓郁的思想底蕴，使思想政治工作的信仰教育更具有影响力，先进文化的科学精神，是思想政治工作反对迷信的武器，先进文化的民族内涵，是思想政治工作中弘扬民族精神的前提，先进文化建设的群众主体指向，为思想政治工作的群众原则提供了理论依据和实践载体，先进文化创新的内驱力，是思想政治工作创新的动力。

二是，中国传统文化对当代思想政治教育的价值。有学者提出，中国传统文化中，以"仁"为核心的人文价值观，以"和"为基准的统一发展观，重视人的群体性和求同性的价值理性，对思想政治教育的资源，以及教育目标的实现，具有重要意义。同时，中国传统文化中，只强调整体而忽视个体的存在，只强调价值趋同和泛道德化的倾向等，对思想政治教育产生了不利影响。

第二，思想政治教育对于文化的意义。

有学者提出，思想政治教育对文化的价值表现在：文化选择功能，即对与思想政治教育同向的文化因子的肯定性选择功能；对异向的文化因子的否定性选择功能；文化传播功能：对各种亚文化的渗透功能，等等。至此，人们已经形成了对思想政治教育与文化关系的比较全面的认识，实现了从单纯把文化当成一种手段，到认识到双方互相影响价值实现的认知的转变。

第三，从学科的角度阐述思想政治教育与文化的关系。

一是提出思想政治教育文化环境的理论。"思想政治教育文化环境是指围绕着并影响思想政治教育和人的思想的文化要素的总和，思想政治教育呈现为以文化形态为中介的互动过程。"在思想政治教育内化、外化、反馈等各个环节中，文化都介入其中。二是指出思想政治教育建构和生成着文化环境，也在进行着文化选择和文化创造，以保证文化环境与思想政治教育的一致性。此后，把文化作为思想政治教育环境的阐述逐渐增多，但大都侧重具体的微观环境。比如，企业文化、校园文化等，而缺乏对宏观文化环境的分析。与思想政治教育其他方面的论述相比，涉及思想政治教育文化环境的学术论文，少之又少。此外，虽然我国著名学者张耀灿提出按照所运用的学科及方法划分设立思想政治教育文化学的设想，但是，到目前为止，尚没有形成成熟的研究成果。

二、思想政治教育与文化的内在相关性

20 世纪 80 年代以来，思想政治教育已经形成了独立的学科体系，确定了特有的研究领域和研究内容。而文化学学科的成熟要早得多，人们普遍认为，19 世纪泰勒的《原始文化》的出版就意味着文化学的成熟。尽管如此，两个学科之间具有密切的相关性。

第一，思想政治教育活动源于文化，并以文化的形式存在。在原始社会，在人与自然和人与人的交换过程中，伴随着意识、情感、规则的发生和发展，这就是人最初的德行萌生。人在生存的过程中，对所处世界的本性的反思，以及宗教的兴起，都起到了维护社会秩序的作用。人类在生存与发展的过程中，对人生意义与价值的探究、对人与世界关系的思考，从来没有停止过。在阶级社会中，有意识的德行培养与规范教育，则始终蕴藏在各种文化现象当中，有时很难把道德教化与文化现象严格区分开来。比较典型的，例如，儒家学说、道家学说，以及法家学说，都以文化的面貌存在，但是，受到统治阶级的大力扶持，成为统治阶级教化人民服从统治秩序的工具，用以维持中国社会秩序的稳定。古代西方对善德和理性的追求，始终贯穿于西方的各种学说、各种理论乃至各种文学艺术作品当中，善德与理性成为人们追求的最佳境界。柏拉图的《理想国》设计了一幅各司其职、各安其位的理想社会，从而为奴隶主阶级的统治进行辩护。近代早期资本主义时代的文艺复兴、科技革命及启蒙运动等重大的历史事件对推动资本主义的发展起到了至关重要的作用。不仅如此，个人主义的价值观还为资本主义政权提供了合法性支持。科学主义思维方式的确立对于冲破中世纪的精神束缚和精神障碍、解放思想和激发人的创造性，起到了重要的作用。因此，无论是从历史的角度还是从现实的角度，每一个时期的文化，都以自觉或自为的方式影响着人们的世界观、人生观和价值观，影响着社会的道德规范，也直接影响着人们的行为和社会秩序。有些情况下，很难把思想道德教育与文化相区别。因此，思想政治教育来源于文化，蕴藏于文化当中，以文化形态为载体。当然，并非所有的文化都能成为思想政治教育的直接资源，只有文化当中那些与思想性、政治性相关的因素，才能成为直接的来源。同时，思想政治教育本身也是一种文化资源。

第二，思想政治教育与文化运行的共性。如果从概念的角度看，文化是大概念，而思想观念、政治思想、道德观念等，则是其中的小概念。所以，两者的运行具有共

性。一是实践性。思想政治教育最核心的范畴是思想与行为，强调的是内化与外化的统一。也就是说，思想政治教育的思想来源于实践，其教育的效果也要通过实践来检验，文化的生成与发展，也是实践的结果。因此，思想政治教育与文化一样，都是与社会生活直接相关的，是社会生活的观念反映。二是开放性。思想政治教育的开放性，既指对相关学科知识的借鉴与吸收，又指对其他国家思想政治教育成果的借鉴与吸收，以及对社会系统的开放。文化的特性是"传统与交流"，是多种文化交融的过程。在大规模的民族迁徙、帝国扩张战争、远距离贸易、农作物传播、生产技术传播的过程中，带来了文化的传播。各个民族的文化、国家的文化、地域的文化，在交流中得以延续和发展。三是共时性。人的思想素质、政治素质的形成，不是在封闭的空间中进行的，而是处于特定的历史条件当中，表现出强烈的时代性。文化的延续与发展，也深深受到所处时代经济发展水平、政治制度和主流意识形态的影响，体现出民族性与世界性、传统性与时代性的统一。

第三，思想政治教育与文化运行的特殊性。思想政治教育与文化有交叉、有重叠，但是，严格讲，又各有自己的运行逻辑。一是思想政治教育的主导性特征与文化的相对自发性特征。在思想政治教育过程中，思想政治教育的价值定位、内容设计、方法选择乃至环境营造，都具有主观性、主导性和目的性。文化的发展则常常表现为自发的过程，是自在性与自觉性的统一。前者如传统、经验、常识、自然情感等；后者包括科学技术、道德规范、社会典范等。二是思想政治教育的时代性与文化的相对滞后性。思想政治教育的内容具有较强的时代性，其更新与发展的速度是较快的。文化的发展则比较缓慢，在通信手段和传播手段落后的时代，更是如此。很多习俗、观念及道德规范经过漫长的历史发展过程逐渐形成，因此，表现出了较强的顽固性，从而使对文化改造的任务，往往在社会变革之后，变得尤为艰巨。这就是思想政治教育要为文化提供价值引领的主要原因。尤其是对政治文化的引领，更为重要。因为政治文化直接关乎政权的稳定与合法性来源。三是思想政治教育的先进性与文化的复杂性。思想政治教育的内容是文化中的精华，代表了人类文明发展的趋向。文化则呈现出复杂性的特点：先进文化与落后文化、主流文化与亚文化、精英文化与大众文化、传统文化与现代文化、本土文化与外来文化，在一起斗争、交织、较量、碰撞、并存。在各种复杂的文化现象面前，思想政治教育承担的重要任务，就是要对文化中的精华与糟粕进行判断与取舍，并逐渐战胜旧的、错误的、落后的文化，从而推动先进文化的发展。但是，思想政治教育对文化的引领也要遵循文化自身的发展逻辑。依靠脱离社会实际发展水平和人们认知水平的内容设计，简单化、强制性的教育手段，不切实际的目标定位，都无法实现对文化的引领。

三、思想政治教育与文化内在相关性中的价值实现

思想政治教育的价值是思想政治教育的一种属性，是思想政治教育对社会生活所具有的特殊功能。对社会而言，如果从政治、经济和文化的角度看思想政治教育价值的话，则思想政治教育具有对政治行为的引导、对主流意识形态的传播、对社会规范的确立、对经济发展方向的保证等作用。对个人而言，思想政治教育的价值在于培养与塑造全面发展的人，思想政治教育在人的全面发展中具有导向价值、提升价值、塑造价值、激励价值、调控价值等。

第一，文化构成了思想政治教育价值实现的"文化场"。在思想政治教育价值实现的过程中，文化首先构成了思想政治教育价值实现的"文化场"。"文化场，具有黏合剂功能，其所蕴含的关系质态与文化内涵促使人与思想政治教育积极'耦合'。"更为重要的是，文化赋予了思想政治教育以人文关怀的内涵。其次，思想政治教育价值的实现程度与发展水平，受到文化发展水平的制约。落后的文化会阻碍思想政治教育价值的实现，使思想政治教育呈现出无效的状态：而先进文化本身，则是与思想政治教育的核心内容重合的，会促进思想政治教育价值的实现。文化的发展水平通过影响人的思维方式、人的文化素质及文化意识，来影响思想政治教育价值的实现。科学的思维方式、较高的受教育程度，以及对个人与社会关系的正确认识，都有助于思想政治教育价值的实现。可以说，文化的熏陶，文学艺术的感染，科学思维的训练，生活习俗的潜移默化，都会逐步地使人的思维方式、价值观念、行为方式，以及人的精神世界发生变化，最终影响思想政治教育的价值实现。

第二，思想政治教育推动着文化的延续与创新。

首先，思想政治教育是文化传播、文化延续与更新的必要手段。思想政治教育的实施过程也是文化的传播过程。在思想政治教育过程中，无论是教育者的素质，还是受教育者的内在需要与动机、主观能动性、知识经验和能力，以及思想政治教育的外部条件，如社会风气、时代精神、社会思潮等，都是以文化的形式存在着。因此，思想政治教育实施的过程，就是各种文化因素交汇的过程，也是文化的传播过程。

其次，思想政治教育决定了文化中的主导价值。在一定社会的一定历史时期，在所有的文化现象中，总有一种主导价值体系，正是这种主导的价值体系决定了文化的总体特征，并整合着文化，排斥与之相背离的文化要素。思想政治教育的内容、目标与主导文化价值，是相一致的。这种一致性会推动文化的发展与繁荣，而与社会主导价值相背离的文化，则会因为生存基础的变化和生存空间的狭小，而逐渐走向衰落。当然，这一过程是漫长的，而且其中会充斥着反复的斗争与较量。

最后，思想政治教育不断生成新的文化。在思想政治教育过程中，无论是教育者还是受教育者，在文化实践的过程中，都会不断生成新的文化因子，因为，每个人对文化的理解与创新，都会推动文化的生成与发展。"正是现代文化对传统文化和现存文化的超越，生成新的文化要素，而当这种现代文化要素占了主导地位时，思想政治教育发展获得了现代文化动力。"

思想政治教育与文化错综复杂的内在关系。分析两者的相关性，并非要把两者混为一谈，把所有的文化说成是思想性的或者是政治性的，也不是把政治思想混同于文化的范畴，而是从思想政治教育的角度，看文化的重要意义，在文化的发展中，注重思想政治教育的引领作用。

对于思想政治教育来说，要确立其丰富的内涵、科学的教育方法、开放的教育视野及全面的教育目标，就必须把思想政治教育放在文化的宏大背景中，不仅把文化看成是影响思想政治教育的外在"环境"，而且要看到，文化本身就融合在思想政治教育的各个环节及过程中。也可以说，思想政治教育本身就是一种文化，一种特殊的文化形态。在思想政治教育的整个过程中，思想品德的形成、行为方式的养成，除了要遵循教育的规律外，还要遵循文化发展的规律、人的心理活动的规律和人的认知规律。当我们把思想政治教育真正放在文化的语境中，就会客观地看待思想政治教育的作用及与社会文化环境的交互依赖性及相互制约性，在同时考量社会的、历史的、文化的及心理的因素的条件下，思想政治教育工作就不再是单一的说服、教育与灌输，而是一种建立在科学基础之上、整合了各种资源的教育过程，是先进文化的传承过程，是实现人的全面发展的必要途径。

第二节　文化软实力促进高校思想政治教育的创新

文化软实力的竞争，日益成为国家之间综合国力竞争的主要因素。思想政治教育作为一种软权利，是文化软实力的重要组成部分，与文化软实力存在着双向互动的紧密联系。

一、提升文化软实力是思想政治教育的题中应有之义

思想政治教育的内容本身就是文化软实力建设的重要内容，文化软实力的提升和发展，需要思想政治教育的引领和支撑。思想政治教育是文化软实力的重要资源，为文化软实力提升，提供现实的平台阵地，也为文化软实力提升提供良好的环境氛围，提升文化软实力，是思想政治教育的题中应有之义。

（一）文化软实力与思想政治教育的价值取向一致

我党的思想政治教育一贯注重人的素质培养，尤其是高尚思想品质和良好道德修养的塑造，以促进人的全面发展作为自己的出发点和落脚点。个人德智体的全面发展，是社会全面发展的前提和基础，正如马克思在《共产党宣言》中所说："每个人的自由发展是一切人的自由发展的条件。""从这个意义上讲，思想政治教育的目的和价值取向在于促进社会的全面发展，在现阶段，我国的思想政治教育就是促进国家的繁荣富强，建设社会主义现代化强国。"文化软实力的价值取向，指它的发展目的和价值目标，也就是"为谁发展"的问题。不同国家文化软实力的价值取向不同，我国文化软实力发展，始终坚持为人民服务、为中国特色社会主义服务和为人类可持续发展服务的"三为"服务价值取向，这决定了其发展目标是维护我国在国际交往中的根本利益，推动社会主义和谐社会的建设。思想政治教育的目标与文化软实力的目标，是最终一致、互相促进的。思想政治教育通过人的全面发展，最终实现社会的发展：文化软实力则通过促进社会发展，为人的全面发展提供条件，进而再推动社会发展。

（二）思想政治教育是文化软实力的重要资源

一方面，思想政治教育为文化软实力的提高提供了可贵的人才资源。在思想政治

教育中，教育主体是人，人是思想政治教育中极为重要的资源。思想政治教育能为文化软实力建设提供高素质的人才资源，这些人才资源掌握思想政治教育方法，能将社会主义核心价值体系灌输到社会成员的思想中，使社会成员认同社会主义核心价值体系，从而自觉地接受党和国家的政策、方针和路线。

另一方面，思想政治教育为文化软实力的提高提供了宝贵的理论资源。党的创新理论武装必须灌输到人们的头脑中，才能巩固社会主义意识形态的主导地位。我国的文化软实力建设包括党的理论创新和武装，这些理论本身就是作为思想政治教育的内容而存在的，是社会主义意识形态吸引力的内在根源。思想政治教育利用这些理论资源，对人们进行世界观、人生观、价值观教育，可以帮助人们克服各种错误思想，应对西方意识形态的挑战，巩固社会主义意识形态的主导地位，提升文化软实力。

（三）思想政治教育是文化软实力建设和传播的重要阵地和途径

思想政治教育是传播主流意识形态的主要阵地。意识形态建设从来就不是一个小问题。对于执政党而言，主流意识形态能否保持强大的吸引力和凝聚力，将直接涉及执政党地位的巩固、指导思想的认同，以及所领导事业建设的兴衰成败。

教育者要坚持育人为本、德育为先，把立德树人作为教育的根本任务，加强爱国主义教育，深入开展理想信念教育，加强和改进学生思想政治工作，把社会主义核心价值体系融入国民教育体系，引导学生树立正确的世界观、人生观、价值观、荣辱观，努力培养德智体美全面发展的社会主义建设者和接班人。思想政治教育以社会主义核心价值体系为内容，是社会主义核心价值体系在社会成员中推广的重要方式和途径，是文化软实力建设的主要阵地。

二、大众文化影响下的大学生价值观教育

大众文化以平等化的参与、多样性的选择，以及娱乐性的表达方式等特征，对大学生价值观的形成产生潜移默化的影响。一方面，大众文化为大学生提供了民主表达的平台和丰富多彩的人生选择机会。另一方面，又容易引起大学生价值观的认知混乱和判断错误。因此，大学生价值观教育首先要正视大众文化具有广泛影响的事实，在价值观教育中，注重主流文化大众化的表达。同时，注重开展均衡的价值观教育，并在引导社会主流价值观的同时，充分尊重大学生的个性选择。

（一）文化、大众文化对价值观形成的影响

价值观作为人们基于经验和知识而产生的对行为和思想的判断标准，作为人们对于未来社会发展的预期，既是社会的规范，也是个体的自我选择的结果。毋庸置疑，价值观总是受到人们的经济基础、社会地位和文化水平的制约。

同时，每一个时代的价值观的形成，既是当代社会生活的反映，也深深地受到历史与传统文化的影响。因此，价值观的形成是一个复杂的过程，也是各方面因素交互影响的结果。相对于其他因素而言，文化与价值观的关系更为密切。从一定意义上来说，价值观就是文化。但是，两者的形成和嬗变轨迹不同，影响和作用于人的方式也不尽相同。

文化对价值观的影响表现在：文化中蕴含着价值观。一些文化现象、文化商品、文化活动本身蕴含着、折射着价值观和价值内涵。比如，"择偶类"节目是人们婚恋观的反映。文化成为价值观塑造的载体。在价值观教育的过程中，一般是以文化的方式来进行价值观的塑造。家庭教育、学校教育，以及社会价值规范的提出，一般采取文化的表达方式，从而促进价值观的形成。文化的表达方式虽然间接，但是，更容易产生潜移默化的效果；文化构成了价值观形成的场景。价值观的形成，既是人们对生活体验和生活阅历自发思考的过程，也是主流社会自觉建构社会规范的过程；既是社会政治生活和经济生活在思想领域和观念领域的折射，也受到历史文化传统的熏染和影响。以家庭、学校、同辈团体、社会等各个层面表达的文化生活，构成了价值观形成的文化场景。

在文化领域中，大众文化形成较晚。但是，对人们的影响极为深刻。大众文化源于 20 世纪初文化工业的产生。由于新的技术和设备的相继问世并进入文化领域，催生了一种以工业生产方式和复制技术制造文化产品的行业——"文化工业"。文化工业不仅带来了文化的存在形态、结构和格局的重大变化，也使文化观念、生产方式、接受和作用方式发生了质的变化。在文化工业的支持下，流行文化、娱乐文化大量涌现，大众文化应运而生。大众文化指的是现代工业社会和市场经济的产物。它主要是指兴起于当代都市的，与当代大工业密切相关的，以全球化的现代媒体为介质大批量生产的当代文化形态，是处于消费时代或准消费时代的，由消费意识形态来筹划、引导大众的、采取时尚化运作方式的当代文化消费形态。大众文化包括商业电影、卡通小说、

电视剧、各种形式的广告、通俗歌曲、休闲报刊、卡通音像制品、MTV、时装模特表演、营利性的体育比赛等等。与主流文化的政治性、主导型等特征相比，大众文化具有鲜明的商业性、产业性、娱乐性、技术性、流行性等特征。

大众文化的兴起，使得文化消费、文艺欣赏、文化活动不再是少数受过良好教育者的专利，而是变成普通大众的日常活动，甚至是生活方式。大众文化实现了为大众服务的社会功能。然而，大众文化过度的娱乐性特性，也容易诱导"大众"沉迷于消费和娱乐，而远离对社会的审视和评判；大众文化过度的商品化，也容易导致了"大众"精神世界的迷失。

中国的大众文化兴起于二十世纪七八十年代，以港台流行小说、港台电视剧为先导。之后，随着中国改革开放进程的不断加快，大众文化发展迅速，虽然在20世纪90年代曾经受到精英文化的挤压，但是，其勃兴之势并没有得到扼杀。文化产品和种类不断增多，西方文化元素也越来越多。大众文化以平民化挑战贵族化，以鲜活生动的表现形式挑战僵化和简单的说教；以人性的复苏对抗政治性的高压；以多样性的人生选择对抗大一统模式；以个性的弘扬对抗对个性的压抑。总之，大众文化最初的兴起，是对极左时期人性压抑和扭曲的反抗，也是市场经济和全球化发展的直接后果。大众文化的兴起和发展，对于克服大一统的价值观模式，以及机械性的说教，无疑具有积极的作用。随着大众文化的迅猛发展，在当代中国的文化格局中，已经形成了大众文化、精英文化与主流文化三分天下的文化格局。

（二）大学生价值观的现状及大众文化对大学生价值观影响的透视

目前，对大学生价值观现状的考察，一般采取定量和定性的分析方法。随着社会科学领域大量使用自然科学的分析方法，大学生的价值观研究也更多地运用调研和数据分析的方法，从而对大学生的价值观现状做出基本判断，这为我们客观地分析大学生的价值观现状提供了重要借鉴。

第一，积极向上的政治价值观。多项调查结果显示，多数大学生具有正确的政治态度，对国家的认同感也比较强。例如，在"是否认同社会主义核心价值体系""是否认同中国特色社会主义道路""是否拥护中国共产党的领导"等重大问题上，绝大多数同学都做出了肯定的回答。这表明，当代大学生的政治态度主流是好的。

第二，职业价值观的选择，倾向于兼顾个性需求和社会需要。调查显示：在职业选择方面，63.8%的同学选择"会考虑能否充分发挥自己的聪明才智，为社会做更大贡献。"另一项调查结果也显示，"具有大学学历的人员在如何对待集体问题上的选择最为理性，他们中选择'先考虑集体利益，再考虑个人利益'的比例最高为51.31%，选择'只考虑个人利益'的比例最低，仅为1.03%"。另一项调查数据显示，大学生的社会责任感已经不再选择"无私奉献"，而是选择兼顾个人利益的追求和个人价值的实现。一项调查显示，在"在你选择工作时，你更看重以下哪项"的项中，选择"在相关行业发展的机会和潜力"的占48.91%；"个人兴趣和爱好"的占28.26%；"对社会的贡献"的占10.87%；"收入和福利待遇"的占28.26%，这说明，大学生树立了以个体能力为本位的价值观念。

第三，更加务实的学习价值观。调查显示，在"比起专业知识，更注意能力"的选项中，有39.13%的同学认为，最重要的是积淀文化底蕴和提升个人修养；另有30.43%的同学认为最重要的是社会工作及人际交往能力的培养。这说明，部分同学十分重视实践及团队精神和建立和谐的人际关系；这也说明了大学生的集体主义观和对个人与集体、与社会关系的新认识。但是，有一个重要的倾向是，很多同学忽视专业知识的重要性。在"你认为当代大学生最注意哪些方面知识的学习"的选项中，选择英语的为61.67%；选择计算机的为48.33%；选择自然科学的为35%；选择人文科学的为46.67%；选择社会科学（如经济、法律）的为68.38%，说明大学生学习知识的功利性增强。

第四，理性务实的生活价值观。大学生对待金钱的态度比较客观和理性。在"你是如何看待金钱"的选项中，有83%的同学选择了"有一定资产，可以过上比较安定的生活即可"；有14%的同学选择"越多越好，有钱可以买好房、汽车"，这说明了大多数同学拥有正确的金钱观。大学生的消费取向也比较理性，炫耀式消费在大学生中并不是主流。在"你认为，在什么东西上花大价钱最值得"的选项中，选择"书籍"的占66%；选择"食品"的占21%；选择"衣服和饰物"的占11%；选择"明星和动漫"等流行元素的仅占2%。

与20世纪50年代、60年代、70年代的大学生相比，80后、90后大学生价值观更加趋于多样性、平民性、功利性、个人主体性。由于受各方面因素的影响，大学生的价值观也存在着价值认知模糊、价值评价偏差、价值认同失衡、价值观念错位等问题。

大学生价值观的形成，是诸多因素综合作用的结果。生活经验、家庭背景、地域环境、社会现实生活等方面，都会影响大学生价值观的形成与变化。

但是，大众文化的影响不可忽视。这是因为，相对于其他群体而言，大学生是大众文化的主要群体。大众文化的时尚元素和表达形式，恰好契合了大学生群体的个性特征和身心发育特征。一份调查显示，大学生接触网络的时间为"每周上网 5 小时以内的为 15.56%，每周上网 5 ~ 10 小时的为 33.33%，每周上网 10 小时以上的为 51.11%"。

不言而喻，大众文化对大学生的成长起到了潜移默化的积极作用。大众文化平民化的表达、平等化的参与、多样化的选择等特征，深深地吸引着大学生，并对大学生的价值观形成产生了积极的影响。

一是大众文化为大学生民主意识的形成和主体性地位的逐渐确立提供了契机。大众文化的突出特点是去权威性、平等的参与形式，以及自主选择性，相对于传统社会中的教育者和受教育者的关系而言，大众文化提供了双方平等互动的交流方式。同时，大众文化也为大学生的政治参与提供了机会。大众文化商品的丰富性，也为大学生的自主选择提供了更多的选择机会。

二是大众文化使大学生的价值观选择更趋于理性和务实。大众文化的主要运作方式是商业化的运作。大众文化作为一种商品文化、消费文化，处处凸显了市场经济和商品经济的特征。在大众文化的背景下，大学生的人生选择和人生定位更加理性和务实，也更加接受了规则意识和竞争意识。

三是大众文化为大学生的价值观提供了多样化的选择空间。大众文化以其多样性的特征为大学生提供了多样性的选择机会。相对于计划经济时期的整齐划一的人生定位，当代大学生的幸福观、消费观、婚恋现等，逐渐呈多样化特征，而且包容性增强。

但是，大学文化无疑对大学生的价值观具有消极的影响。一是大众文化中的多元化容易导致大学生政治价值观的混乱。据调查，高校学生了解社会思潮较多的渠道，依次是报刊书籍（53.6%）、课堂教学（51.5%）、课外活动（51.5%）、网络（49%）、影视（41.3%）、文娱活动（17.8%）。这说明，除了课堂教学以外，报刊书籍、网络、影视成为学生了解社会思潮的重要渠道。大学生对各种社会思潮的了解本来无可厚非，但是，对各种思潮缺乏辨别力，容易造成大学生价值观的混乱，从而导致对主流价值观的消解。

二是大众文化中的"消费文化"诱导大学生生活价值观的功利性。大众文化是按照市场化运作的，以经济效益为首要目标。这就形成了以现实消费需要为主的特征，导致拜金主义、功利主义、工具理性的泛滥。比如，大众文化中的"择偶类"节目中渲染的消费主义，对大学生的潜在影响不可忽视。一些学生选择攀比的消费观、务实的生活态度，而丢失了人生的理想和追求。一项调查显示：大学生中认为"理想变得越来越现实"占了58.5%："从未有过"和"游戏人生"的比例占19.1%。普通大众认为，"大学生理想变得越来越现实"的有59.1%，而"从未有过理想"与"游戏人生"的比例高达23%。两方数据一致显示，大学生的理想信念和高尚的追求似乎没有以往那么强烈了。过度的功利性导致大学生社会责任感的弱化。社会公众对大学生社会责任感的认识选择"比较强"的为18.1%，选择"一般"的为58.3%，而大学生自身认为"比较强"的为10.5%，66%选择"一般"，而分别有17.2%和14.7%选择"比较差"。

三是大众文化的"快餐文化"，容易造成大学生价值观选择的浮躁性。从在大众文化的层面上看，各种电视节目中的"选秀"类等节目，一方面为大众的参与提供了平台，但是，也容易诱导大学生形成一夜成名和急功近利的心理误区。分别有50.1%和43.5%的学生对于"社会关系对事业成功的影响比职业技能重要"和"机遇对事业成功的影响比职业技能重要"持赞同观点。各种网络阅读、各种速成班、速成教材、各种"成功学"图书的泛滥等，都在引导大学生放弃艰苦奋斗的过程，渴望一夜暴富和一夜成名。"闪婚""闪离"等婚姻现象，恰好是大学生浮躁心理在婚姻上的表现。

四是大众文化的群体性文化，也导致大学生价值判断上的盲从性。大众文化以追求丰富的个性化为标志。但是，由于大众文化操作上的预设性和谋划性、技术上的可复制性等特征，极易造成人们的盲目性和被动接受性。大学生群体中明星崇拜、粉丝文化、攀比、缺乏创新与个性、缺失理性的批判精神等，都是盲从性的表现。因此，大众文化过度的娱乐性瓦解了大学生的批判精神，表面上的多样性，掩饰着实质上的单一性，技术上的可复制性抑制了潜在的创造性，这些问题的存在，也是大众文化广泛地遭受诟病的主要原因。

（三）大众文化影响下大学生价值观教育的思考

大众文化作为一种工业文明的产物，其存在和发展是不可避免的。那么，如何克服大众文化带来的诸多消极因素，从价值观教育的角度塑造大学生的价值观。这既是一个理论问题，也是一个迫切的现实问题。第一，价值观教育的表现形式：通过主流文化大众化推动大学生价值观教育。一项调查成果说明："政治价值观的教育和研究，是大学生价值观教育和研究的核心问题，值得高度关注。"主流文化，是一种与大众文化相对应的文化体系。主流文化既反映了一般的社会规范和社会要求，同时，也反映了未来社会的理想与目标。当代中国主流文化是以马克思主义为核心的社会主义先进文化，代表了社会未来发展的方向，也代表了大多数人的根本利益和根本要求。如前所述，大众文化存在着对主流价值观的解构的问题。此外，大众文化中的暴力内容、色情倾向、游戏人生的态度，等对大学生的价值观也存在消极影响。为了追求经济效益和市场化目标，一些文化产品不惜挑战道德底线、丑化经典、虚化历史，导致大学生价值评价的模糊和价值认知的混乱。但是，面对大众文化的迅猛发展，主流文化被边缘化的现象非常严重。因此，主流文化重塑的问题，尤其显得突出。因为，主流文化是主流价值观的重要载体和主要表现形式。因此，要发挥主流文化的引导作用，就要注重主流文化走下圣坛，走进民众，贴近民心。主流文化主动融入大众，而非高居庙堂。

主流文化是价值观教育尤其是主流价值观教育的重要渠道。目前，主流文化大众化的趋势逐渐增强，传统意义上的"雅"与"俗"的界限从而也日趋模糊。多数主流文化作品开始向通俗化方向演变。主流文化借助大众文化人性化的表达方式，平等的作风，以及参与互动的形式，来达到建构主流价值观的目的。高校和社会的价值观教育可以借鉴和采取大众文化的方式，以流行的符号赋予主流价值以新的表现形式，以现代的技术手段，给予主流价值以时代的气息，以年轻人的话语体系表达时代的主题。"动漫""公益广告""经典老歌"等，是可以广泛借助的载体。同时，要注重提高大学生对大众文化的判断力、辨别力和鉴赏能力，"电影鉴赏"等通识课程的开设，可以帮助大学生提高独立思考能力，从而增强大学生自觉抵御大众文化消极影响的能力。

第二，价值观教育的内容：张扬大众文化中的真善美，促进大学生价值观教育内容的均衡发展。大众文化作品中不乏真善美的主题，也较多人性本真的展示。这些人类优秀品质的展现，可以跨越时空，也可以穿越国界。正是因为大众文化张扬了人的真实的美、人性的高尚和人心的慈悲，而容易走入人的内心，引起人的共鸣。而这些其实都可以成为价值观教育内容中不可缺乏的补充。目前，大学生的价值观教育主要集中在政治价值观教育和思想价值观教育层面，其他领域的价值观教育虽然有所涉猎，但是，没有受到应有的重视。随着现实生活中，人的经济活动、人的社会公共活动、人的文化活动，甚至人的私人领域活动的增加，人的观念和行为都需要价值观的规范和引导。因此，价值观教育还应该包括经济价值观、道德价值观、生态价值观、审美价值观、人生价值观等方面。也有人提出不同的领域要有不同的价值观：持续、协调、科学的发展观；尚荣、知耻、修身的荣辱观；透明、参与、监督的民主观；聚富、守财和创造的财富观；公平、实效、伦理的分配观；理性、健康、自主的消费观；至诚、信用和践行的诚信观；互信、尊重、和平的安全观；人本、感性、尺度的幸福观；等等。在一定意义上讲，许多大众文化产品中或活动中展示的主题，与上述诸多内容是相衔接或者是相通的。而这些内容恰恰是我们传统的价值观教育所缺失的。因此，通过弘扬大众文化中的健康向上的主题，实现价值观教育的均衡发展，是价值观教育的有益途径。

第三，价值观教育的理念：在价值观教育中，实现尊重多样性与倡导价值共识的统一。如前所述，大众文化具有同一性特征。但是，这种特征并不排斥其多样性特征，就文化商品、文化活动、文化载体、文化交流活动、文化所传递的信息而言，大众文化的多样性特征依然显著。

第三节　高校思想政治教育是提升文化软实力的重要手段

一、发挥思想政治教育功能，提升文化软实力

思想政治教育本身就是国家文化软实力的重要组成部分。思想政治教育与文化软实力在目标价值和内容上的一致性和密切关联，使得两者之间存在着交互的发展轨迹，两者相互作用，共同推动着我国的文化建设进程。加强思想政治教育，充分发挥思想政治的功能，能够有效地提升文化软实力。

（一）发挥思想政治教育的导向功能，提升国家文化软实力

文化软实力的核心在于文化的凝聚力和吸引力。而这种凝聚力和吸引力来源于国

家文化软实力的核心价值。

十七大报告指出："要建设社会主义核心价值体系，增强社会主义意识形态的吸引力和凝聚力。"社会主义核心价值体系是新时期我国意识形态和政治价值观的核心体现，包括马克思主义的指导思想、中国特色社会主义共同理想、以爱国主义为核心的民族精神和以改革创新为核心的时代精神，以及社会主义荣辱观四个方面的内容。思想政治教育正是以社会主义核心价值体系为内容，对社会成员进行思想观念、政治价值和道德观念的教育，其突出的导向作用，使其成为党宣传其政策、方针、路线的重要途径，为文化软实力的提高起着引导作用。

党的十八大报告明确提出"三个倡导"，即"倡导富强、民主、文明、和谐，倡导自由、平等、公正、法治，倡导爱国、敬业、诚信、友善，积极培育社会主义核心价值观"。社会主义核心价值观是社会主义核心价值体系的内核，体现社会主义核心价值体系的根本性质和基本特征，反映社会主义核心价值体系的丰富内涵和实践要求，是社会主义核心价值体系的高度凝练和集中表达

（二）发挥思想政治教育的整合与拓展功能，提升文化软实力

思想政治教育具有文化整合的功能，是指在思想政治教育过程中，在容纳多种文化因子的基础上，确立共同的思想信仰和价值观念，树立社会成员对一定组织的基本看法与价值认同，以增强社会的凝聚力和有序性的过程。一方面，思想政治教育的文化整合功能关系着执政党的思想观念和政治价值是否能得到民众的认同，关系着执政党的凝聚力和人民的认同感。另一方面，在世界文化蓬勃发展的今天，文化的融合趋势加快，各种马克思主义的和非马克思主义的文化传入我国，思想政治教育因此承担着鉴别各种文化进而吸收和借鉴国外先进文化的任务，提高人们鉴别文化并自觉抵制腐朽文化的能力。因此，在我国现阶段，思想政治教育不仅承担着为执政党传递政治价值观念的功能，而且承担着吸收和借鉴国外先进文化成果的任务，为我国文化软实力建设保驾护航，促进我国的社会主义文化大繁荣大发展。

（三）发挥思想政治教育的育人功能，提升国家文化软实力

各国之间的竞争，实质上是综合国力的竞争，综合国力竞争的实质，是文化软实力的竞争，而文化软实力竞争，实际上是人才资源的竞争，"推动社会主义文化大发

展大繁荣，队伍是根本，人才是关键"。因此，人才资源在文化软实力中占据着极为重要的地位，对于文化软实力的提高有着重要的作用。

在思想政治教育的功能中，育人功能是一个极为重要的功能，是思想政治教育是否有效的关键，掌握着思想政治教育资源。同时，思想政治教育承担着对民众进行马克思主义理论教育、党的路线方针教育、思想道德教育及民主法制和纪律教育的任务，在提高文化软实力的过程中，必须要有一支思想和素质过硬的人才队伍，才能完成思想政治教育的使命。通过开展思想政治教育，培育出一批思想过硬、素质高、形象好的人才队伍，作为各行各业的领军人物。既掌握现代技术和管理理念，又具有良好的职业道德和社会形象，作为文化软实力建设和国家文化发展的先锋，发挥带头作用，承担起提升文化软实力的历史使命。

二、思想政治教育与文化发展的关系为思想政治教育促进文化软实力发展提供了理论支持

思想政治教育与文化发展之间的关系，是相辅相成的。文化的新发展能够赋予思想政治教育以新的内容，拓展思想政治教育的新视野。人们常说，思想政治教育是一种特殊的文化活动。主要依据就在于思想政治教育所施教的内容来源于文化。在实际生活中，文化渗透于我们生活的各个方面，影响着每一个人的思想、精神和灵魂，促使和引导我们形成特定的生活方式、思维方式、思想观念。人们不断增长的精神需求，催促人们不断向前推动文化发展，促使文化繁荣。价值观是思想政治教育施教的基础内容，也是文化的内在核心。文化发展的实质，就是价值观的生成、融合、继承与创新的过程。文化的每一步发展，都能为思想政治教育这些基础内容提供新的养分，并提出新的要求。反过来，思想政治教育也是促进文化发展的有效途径。人推动文化发展，文化发展成果又反过来促进人的发展。提高人们推动文化发展的能力。一个社会文化发展的最终目标正是促进人性的丰富，实现人的全面发展。

提高人的思想文化素质，培养健康完美的人格，促进人的全面发展，是思想政治教育所始终致力的目标，也是思想政治教育的最高宗旨。思想政治教育的目的是培养人、塑造人，根本任务是实现人的全面发展。这跟文化发展的目标是一致的。思想政治教育促进人的发展，也就是通过教育活动提高人的文化素质。使人的认识世界和改造世界的水平达到一个新的阶段。要提高人的文化水平，就必须把许多对人们有益的、

先进的思想观念社会化。思想政治教育正是思想观念政治社会化的有效途径。通过思想政治教育的实践活动，能够迅速有效地传播和普及先进的文化观念和思想，提高人的认知水平，为新的文化发展积蓄力量。

提高文化软实力，是党和国家对文化发展的新要求。思想政治教育与文化发展之间这种相辅相成的关系，必然使得思想政治教育与提高国家文化软实力，在新的高度上结成新的相辅相成、相互促进的关系。

三、思想政治教育是促进文化软实力发展的手段

国家文化软实力充分体现在社会成员的整体思想道德素质、社会整体的文化意识、国家的价值取向与文化认同等许多方面。提高国家文化软实力，必须采取措施，着力提高人的素质水平，统一社会价值取向，加强民族精神教育，以增强国人对自己文化的认同，在全社会形成浓郁的文化氛围。

（一）意识形态是文化的核心

意识形态概念可以定义为：在阶级社会中，适合一定的经济基础，以及竖立在这一基础之上的法律的和政治的上层建筑而形成起来的，代表统治阶级根本利益的情感、表象和观念的总和。其根本的特征是自觉地或不自觉地用幻想的联系来取代并掩蔽现实的联系。它是一个特殊的思想文化体系，是社会文化系统中的一个组成部分。

虽然到目前为止。对于"文化"概念，在学术界还没有统一定论，但是，大家都承认价值观是文化的核心和本质。文化是有层次性的。按照大多数人的观点，文化可以分为物质文化、精神文化、行为文化三个不同的层次。在这三个层次中，精神文化是文化的内核和灵魂。因为在精神文化中，包含着价值观成分。

一般而论，精神文化是由两大部类构成的，一类为思想道德部类，属于社会意识形态范畴；一类是科学教育部类，属于一般社会意识形式的范畴。价值观念作为价值评价、价值选择的概括和价值评价、价值选择的依据，本身就具有阶级性，属于意识形态的范畴。在阶级社会中，意识形态本身就是占统治地位的阶级和政党的精神文化体系，制约着文化其他部分的发展，规范着文化的表现形式和内容，是主导文化，对整个文化系统具有支配作用。因此，意识形态是文化的核心。

（二）提高国家文化软实力的根本是建设社会主义核心价值体系

文化软实力很大程度上表现为国民的精神状态、意志品格和国家的凝聚力，而这一切主要来自人们对社会核心价值的认同。在我国社会主义初级阶段，社会主义意识形态是社会主义文化的核心，社会主义核心价值体系是社会主义意识形态的本质体现。要推动社会主义文化大发展大繁荣，提高我国的文化软实力，就首先要大力建设社会主义核心价值体系，增强社会主义意识形态的吸引力和凝聚力。因为，社会主义核心价值体系，是提高文化软实力的精神导向和文化根基。

第一，社会主义核心价值体系是提高文化软实力的精神导向。文化之所以被称为是一个民族的精神、灵魂和血脉，之所以体现着国民的精神状态、意志品格和内在凝聚力，原因就在于文化建设能够实现国民对社会核心价值的认同。任何一个国家要把全社会的意志和力量凝聚起来，都必须要有一个与当时社会的经济基础和政治制度相适应的核心价值体系。因为核心价值体系提供了一整套观察世界、判断事物的基本标准。在核心价值体系指导下形成的全社会广泛而深刻的价值认同，能够使人们超越民族、血缘、语言、习惯、地域等方面的差异，消除彼此之间的分歧和隔阂，增强社会成员的归属感和向心力，促进社会的团结和稳定。与当前时期的经济基础和政治制度相适应的核心价值体系，是社会主义核心价值体系。这一价值体系集中体现了全国人民的文化认同和价值追求，是社会主义意识形态的本质体现，具有其他任何价值体系不可替代的高度的凝聚力和号召力。引领和整合着多样化的思想意识和社会思潮。可以说，社会主义核心价值体系支撑和牵引着我国整个文化活动，是提升国家文化软实力的精神导向。

第二，社会主义核心价值体系，是提高文化软实力的文化根基。社会主义核心价值体系的基本内容是马克思主义指导思想，中国特色社会主义共同理想，以爱国主义为核心的民族精神，和以改革创新为核心的时代精神，以"八荣八耻"为主要内容的社会主义荣辱观。这些内容都是先进文化的核心内容，是文化软实力最为重要的力量来源。既体现了社会主义文化先进性的要求，也反映了多样化社会文化广泛性的要求；既体现了薪火相传的中华民族优秀文化的精神，也反映了人类社会发展进步的普适性原则；既体现了社会主义的基本道德规范，也反映了人人普遍奉行的行为准则。因此，社会主义核心价值体系，既是推动科学发展、促进社会和谐的文化力量，也是凝聚人民创造活力、提升国民综合素质的文化力量，还是中国融入和影响世界、推动和谐世界建设的文化力量。可以说，社会主义核心价值体系是提高国家文化软实力的文化根基。建构社会主义核心价值体系，是巩固和加强文化软实力的关键所在。

（三）思想政治教育，是通过促进社会主义核心价值体系建构

当前中国，随着改革开放的纵深推进，社会存在及利益主体的多样化，导致价值形态领域"一元主导"与"多元并存"，价值取向多样化。社会主义核心价值体系，是多元价值格局中占据主导地位的价值形态。在多元的价值格局中，要建构和完善社会主义核心价值体系，维护社会主义核心价值体系的主导地位，必须同腐朽没落的封建价值观和资本主义价值观进行思想斗争，也即意识形态斗争。由于人民大众对带有阶级性和意识形态性的思想和观点缺乏接受的自觉性，要使得社会主义核心价值体系基本内容深入人心，必须借助于一定的教育方式来宣传、强化和灌输。思想政治教育是专门进行意识形态教育的手段。建构社会主义核心价值体系，是提高国家文化软实力的根本所在。因此，在提高国民文化软实力的过程中，思想政治教育可以通过在建构社会主义核心价值体系中的作用，来促进国家文化软实力的提高。

1. 思想政治教育能够为文化软实力建设提供思想保障

用社会主义核心价值体系引领思想政治教育，通过思想政治教育的意识形态功能，把社会主义核心价值体系的基本内容内化在广大社会主义劳动者和建设者的头脑中，并指导实践，为文化软实力建设打牢思想基础，提供思想保障。

第一，通过思想政治教育，可以巩固马克思主义在文化软实力建设中的指导地位。思想政治教育是以马克思主义为指导的。社会主义核心价值体系的基本内容之一，就是马克思主义指导思想。这里的马克思主义指导思想，是一个不断发展创新的体系，从毛泽东思想、邓小平理论到"三个代表"重要思想、科学发展观。它不断地融入那些被中国的具体实践所证明了的新的理论要素。理论的生命力在于理论的发展性。在文化软实力建设的过程中，坚持马克思主义原理同中国具体实际相结合，不断在实践中进行理论创新，用发展的马克思主义指导建设实践，才能制定出正确的理论方针，才能最大限度地凝聚民心，为共同的目标而奋斗。

第二，通过思想政治教育，能够使社会主义核心价值体系深入人心。要想不断深化全体社会成员对社会主义核心价值体系的认识，齐心协力进行文化建设，提高国家文化软实力，就要把社会主义核心价值体系深入人心。我国现阶段正处于社会转型的关键时期，社会各个层面都发生着深刻的变化，多种价值观念并存，使得价值观的冲突必然而普遍。思想观念的差异，造成了社会的不和谐。思想政治教育是我们党的政治优势，是巩固全国人民共同思想基础的重要手段。要想使全体人民统一思想，充分发挥出他们的积极性，就需要把社会主义核心价值体系建设融入国民教育和社会主义精神文明建设的全过程，贯穿于社会主义现代化建设的各个方面，使社会主义核心价值体系家喻户晓、深入人心。思想政治教育可以通过意识形态教育，把社会主义核心价值体系的内容内化到人民群众的头脑中，并转化为社会群体意识，贯彻到建设中国特色社会主义的社会实践中去。

第三，通过思想政治教育，可以为文化软实力建设打牢思想基础。在多元价值观激烈碰撞的社会大环境下，进行文化软实力建设，最困难的就是统一认识和思想。要把全国人民的意志、力量和聪明才智凝聚起来，就必须建构社会主义核心价值体系，形成中国特色社会主义共同的价值理念，认同和树立中国特色社会主义共同理想，巩固共同的思想道德基础。通过思想政治教育，进行理想信念教育和荣辱观教育，能够引导人民大众树立科学的世界观、人生观和价值观，确立全体社会成员共同遵守的价值取向和行为准则，提高人民大众的思想境界，凝聚各方面的智慧和力量，打牢全国各族人民团结奋斗的思想基础。

2. 思想政治教育能够通过实施意识形态教育，导向文化软实力建设

思想政治教育的导向作用，表现十分丰富。其中，主要有价值导向、目标导向和行为导向。价值导向的主要依据和内容是社会意识形态，任何一个时代的统治思想，始终都不过是统治阶级的思想。在当今中国，社会主义核心价值体系是意识形态的集中体现。思想政治教育进行意识形态教育的核心内容就是社会主义核心价值体系的基本内容。通过思想政治教育，能够使得文化软实力建设的主体，在世界观、价值观上，形成符合中国特色社会主义文化发展新阶段的价值取向。在目标导向上，思想政治教育能够紧紧围绕"兴起社会主义文化建设新高潮，激发全民族文化创造活力，提高国家文化软实力"这一文化建设的新要求。积极向民众宣传和解释——为什么党和国家提出"提高国家文化软实力"，使广大人民明了提高文化软实力的目的，是为了保障

人民基本文化权益，丰富人民社会文化生活，昂扬人民精神风貌，以激励人民共同努力。榜样的力量是无穷的。思想政治教育的行为导向，可以通过树立文化软实力建设过程中涌现出来的先进楷模，来彰显榜样的力量，使大家纷纷效仿，以凝聚民心，增强人民建设文化软实力的士气。

3. 思想政治教育能够通过意识形态教育，为文化软实力建设提供精神动力

在社会发展的过程中，精神文明建设为经济发展和社会全面进步，提供精神动力和智力支持。同样，在文化软实力建设的过程中，思想政治教育能够通过意识形态教育为其提供必要的精神动力。

提高国家文化软实力，是需要亿万中国人民共同参与的事业。这需要有强大的凝聚力。把人民群众吸引到这一事业上来，思想政治教育能够承载这一任务。思想政治教育的目的，就是增强党和国家的凝聚力，增强干部队伍和群众队伍的凝聚力，更好地发展社会生产力。集中力量把中国经济搞上去。构建社会主义核心价值体系的目的，就是要统一思想、凝聚力量。激发人民群众积极主动地投身于建设中国特色社会主义的实践中去。

思想政治教育是把社会主义核心价值体系深入民心的主要途径。树立中国特色社会主义共同理想，是培育社会主义核心价值体系的关键所在。它关系到社会主义核心价值体系的凝聚力和创造力能不能被充分发挥。要使得广大人民大众深刻领悟社会主义核心价值体系的基本内容，并自觉指导实践，就必须从理想信念入手，打牢思想根基。理想信念教育是思想政治教育理论的重要内容。教育和启发人民大众，帮助他们树立科学的人生观、价值观，提高人们抵御各种错误、腐朽思想的能力，帮助他们正确地认识和准确地把握社会发展规律，提高认识世界和改造世界的能力，从而提高人们的思想政治素质，调动人们的积极性，为人们的社会实践活动提供强大的精神动力。通过思想政治教育，实施社会主义理想信念教育，能够使人们认识到，提高国家文化软实力，不仅是为了国家的进一步发展，也是为了人民生活水平进一步提升，最终的目的是为了人民的利益。这样，在思想上，就能够使广大人民群众充分感受到提高国家文化软实力是事关全体人民的事情，每一个人在提高文化软实力建设过程中，都应该自主地承担起一份责任，自主地把共同理想与个人的人生要求和岗位职责结合起来，并自觉地实践。

四、高校思想政治教育对于提升文化软实力的作用

高校思想政治教育，一方面培养大学生学习好科学文化知识，提高文化素养；另一方面，要注意培养大学生的思维意识和行为意识，提升他们的精神世界。高校思想政治教育要发挥它自身的作用，为提升文化软实力贡献力量。大学生想象力丰富，创造力强，是文化传承和传播的主体。

（一）有利于提升公众素质

大学作为一个教书育人的场所，培养国家建设的栋梁之材。大学里完善的文化基础设施、实力强大的教师队伍，为培养社会精英提供了良好的环境。高校通过思想引领、制度建设，保证教师队伍的建设，确保大学教师的政治立场和高尚的师德。使得高校教师在教授专业课程的同时，以其先进的文化思想和高尚的道德品质，影响着当代的大学生，提升他们的素质。

（二）有利于文化传承与传播

高校思想政治教育者在教育过程中，既会弘扬中华民族的优秀传统文化，也会通过去其糟粕、取其精华的方式，将西方先进的文化与中华民族的传统文化相结合，实现文化的传承与传播。

第四节　传统文化推进思想政治教育创新

中华民族五千多年源远流长的文明历史和博大精深的传统文化，不仅为人类的文明做出过杰出的贡献，而且始终活在一代又一代炎黄子孙的心中，以不同的方式、在不同的程度上影响着后继者的思想和行为，塑造了后继者的伟大情怀和崇高理想，使深厚的民族认同、由衷的民族自尊、自信与自豪，深深地扎根于他们的心坎上，充分显示出文化"化人"的卓越功效。中国传统文化所拥有的显著的育人功能，也给党和国家的思想政治教育工作以深刻的启示。作为一项以德为本，以提高人的思想文化素质、培养健康完善的人格、促进人的全面发展，并最终造就德才兼备的社会主义新人

为基本目标的事业，我国的思想政治教育工作，不可能摆脱数千年中国传统文化所营造出的特定语境的影响和制约。况且，世界上还没有哪一个民族"是以否定、割断自身的历史文化传统作为文化方针和教育方针的。越是在全球化时代，民族化越成为一种有价值的追求。一个不尊重自身历史文化传统的民族，不可能赢得其他民族的尊重"。新中国成立前后近百年来的中国和世界历史的发展变化，也从正反两个方面给我们提供了宝贵的教益。对此，国学大师南怀瑾先生就曾经深有感触地说："一个国家，一个民族重在文化的传承最可怕的是一个国家和民族自己的根本文化亡掉了，这就会万劫不复，永远不会翻身。"因此，对于我国当前的思想政治教育而言，以"返本"而求"开新"，无疑是一个重大的战略性抉择。可以说，我国新世纪的思想政治教育能否真正地拥有优势和凸显特色，其核心环节就在于能否充分发掘和发扬以儒家思想为核心的中国传统文化，并将之纳入我国当代的思想政治教育体系中来，以实现其文化本性的复归，使社会主义时期的思想政治教育扎根于中华民族几千年优秀传统文化的土壤之中。与此同时，及时把握并利用世界文化发展进程中的有利因素，为思想政治教育创新工作的顺利推选打造较为完备的文化生态，以确立既凸显时代精神，又体现历史继承性，既有中国特色，又符合社会历史发展潮流的思想政治教育方略，是我国当代传统文化视阈下的思想政治教育创新工作的基本思路，也是我们每一位文化教育工作者必须肩负的历史重任。

一、推动当代中国思想政治教育"化人"本性的复归

文化性是思想政治教育的基本属性之一。从本质上讲，思想政治教育，既是一种政治和社会现象，表现出鲜明的党性和阶级倾向，同时，也是一种文化现象，体现出浓郁的文化属性和人文精神。作为一种文化现象，思想政治教育以特定文化成果的传递、传播、践行等为基本载体，以个体由"自然人""生物人"向"社会人""政治人""文化人"的发展为基本取向，是"文化化人"现象的特殊表现形式飞由于其文化属性的存在，思想政治教育就有一个文化本性的归属问题。就我国的思想政治教育工作来说，其文化本性的归属，实质上，就是文化主体意识在我国思想政治教育中如何彰显的问题。而所谓"文化的主体意识"，按照有关学者的说法，就是一种"对本国文化的认同，包括对它的尊重、保护、继承、鉴别和发展等"。我们知道，中华民族在长期的历史发展进程中积累了极为丰富的文化资源。深厚的中国传统文化，不仅

成功地建构了我们的文化本性，使我们拥有了自己的文化身份，而且其本身所包含的丰富的伦理文化因素，也为中国传统道德教育提供了丰富的思想资料，营造了良好的文化语境，进而形成"人文化成"、"文以载道"以及"礼乐教化"等优良的思想道德教育传统。

（一）我国当代思想政治教育的文化本性及选择

思想政治教育具有特殊的文化本性。这种文化本性，是从其本身所统摄的文化属性的角度出发而形成的。作为一种政治性、社会性和文化性有机统一的教育活动，思想政治教育，不仅肩负着传播意识形态、引领社会思潮的重任，以实现其为特定阶级和政党服务的政治和社会功能，而且还承担着实现社会个体的文化归化、塑造国民精神的使命，以彰显其为特定民族和国家构建精神家园的思想和文化功能。

从文化学的维度来看，按照有关学者的认识，思想政治教育的文化本性，首先，从它的内容上凸显出来。所谓思想政治教育，简单地说，就是为达到一定政治目标服务的意识形态教育。我国学术界公认的文化包含三个部分：物质文化、制度文化和思想文化。而意识形态正是思想文化所统摄的基本内容。因此，正是在这个意义上，我们说，思想政治教育其实就是思想文化教育，是一种特殊的文化传播。其次，思想政治教育的文化本性，还体现在它本身就是一个"人文化成"的过程上。思想政治教育是一门科学，但从本质上说，它更是一种人文。它的人文性体现在其主体和客体并非生物性的存在，而是作为一种文化存在物的人。而人之所以为人，从根本上看是由文化所熏陶、滋润和塑造的。在此情况下，思想政治教育要想取得理想的效果，就必须按照文化的逻辑、遵循文化运作的原理来行事，以逐渐实现教育主体和客体之间的一体化，从而保证特定阶级与社会价值的授受与传承。此外，思想政治教育的文化本性还以一种表征其本身所具有的工具理性的"人文力"的形式表现出来。对于这种"人文力"的基本特征，陈建斌先生曾经做了形象的描述。他指出："思想政治教育作为阶级社会中统治阶级对社会成员进行统治和控制的一种手段，是一个社会文化生态的重要部分。作为文化生态的必要结构，它必须也必然要发挥一定的文化功能，于是必定具备一定的'力'。它不是一般的'力'，而是'人文'或'文化'的'力'，即通过人的精神和文化的机制发挥作用的'力'。没有这种力，思想政治教育就不可能对人的思想、行为、生活产生影响。因为人是文化的生物，人首先是文化的创造者，反过来受文化的控制，然后又反控制文化。人的精神是由文化环境和教育所塑造的。任何一个人不管他多么伟大也不能超越时代，也难以摆脱民族文化所施加的限制。"通过以上的分析，我们可以看出，作为一种以培养符合特定价值标准的社会成员，以及推动建立维持社会稳定和健康发展所需要的公序良俗为已任的特殊的文化现象，思想政治教育与特定民族、国家的文化是密不可分的。虽然它是一个社会占统治地位的主流思想文化的高度概括与集中表达，但它仍然不能忽视和否认特定民族在长期历史发展中所形成的传统文化的影响和控制。思想政治教育的文化本性所具有的这些特征，为我们认识我国当代思想政治教育的文化属性提供了有益的启示。首先，从基本内容上来看，作为一种意识形态教育，我国的思想政治教育是中国共产党领导下的无产阶级和广大劳动人民的意志和愿望的集中反映，是在努力完善社会主义，并最终过渡到共产主义的政治目标指导下，有目的、有步骤地对我国人民进行思想文化教育与渗透，以期转变其观念，规范其举止，塑造其理想人格的一种社会行为。由于其鲜明的社会主义和共产主义政治属性的存在，因此，马克思主义思想理论在我国当代思想政治教育园地中的指导地位，是毋庸置疑的，这也是我们必须坚持的基本原则。

其次，从基本过程上来看，我国当代的思想政治教育，在总体上表现为政治性与文化性的分离，特别是其文化本性的缺失更是显而易见的，所造成的负面影响也是显然的。对此，沈壮海先生在其《关注思想政治教育的文化性》一文中，曾做过概括。他指出：我们"在坚持思想政治教育政治性的同时，否定或忽视思想政治教育的文化性"，从而"导致思想政治教育资源的单一化和教育形式的呆板化，思想政治教育本应具有的文化含量的丰富性与不断提升性在有意无意中常常为我们忽略"，其结果则是"本可生动活泼的思想政治教育读物有时成为政策、文件、语录的简单汇编与转述，本可情趣盎然、文采飞扬的思想政治教育，有时成为枯燥、空洞的政治说教与道德说教"。他进而指出，"对文化性关注的缺失"，还"将对人的文化素质发展的促进从思想政治教育目标中割裂开来，从而将思想政治教育的目标定位于纯粹的思想政治的目标，它将育人的职责，从极其广泛的文化领域卸将下来，从而将思想政治教育的职责仅仅归位于思想理论战线，或者是思想政治教育工作者；它将具有丰富育人力量的文化资源从思想政治教育资源中排除出去，从而使思想政治教育的资源日趋有限"。

基于此，他认为，"面对人们精神文化生活水平的提高和精神文化生活需要的进一步增强，关注、彰显思想政治教育的文化性，提升思想政治教育的文化品位"，是"我们思考思想政治教育发展与创新时应该切实予以关注的重要话题"。

再次，从基本手段上来看，我国当代思想政治教育"人文力"的发挥，还存在着很大的局限性，其最为集中的表现，就是中国传统文化在思想政治教育中的地位尚且没有得到应有的肯定，因而，其作用也就没有得到充分的发挥。客观地说，造成这种现象的原因是多方面的。但是，始于20世纪初期"五四"新文化运动并长达近百年的反传统浪潮及其所产生的深刻的社会影响，则无疑是其中最为主要的因素。文化最后的根子就扎在风俗习惯里面，融在风俗习惯里面的文化才有生命力。如果我们的风俗习惯都改变了，就不会认同这个文化了。从这个角度来看，中国传统文化的根基已经损失了许多。"

总之，从根本上说，我国当代高校思想政治教育的文化本性，较之新中国成立初期所建立起来的、与计划经济时代相适应的传统思想政治教育的文化本性来说，在政治属性与文化属性的结合方面已经有了很大的进步，思想政治教育的文化语境日渐丰富，"文化化人"的效果也开始彰显。然而，由于中国传统文化在思想政治教育中的"教化"功能，尚未得到充分的发掘和利用，基于传统文化的思想政治教育的"人文力"，还有待于进一步增强，因此，我国当代思想政治教育的文化本性还有很大的提升空间，而这种文化本性的提升与否，则与我国当代思想政治教育的文化选择密切相关。

（二）中国传统文化与中华民族精神家园的建构

对于我国当代的思想政治教育来说，弘扬和培育民族精神，建设中华民族共有精神家园，不仅是传承中国传统文化，以进一步实现新时期思想政治教育的文化选择的体现，而且是推动思想政治教育文化本性的世纪复归的实际举措。这是因为，民族精神是贯穿于特定民族传统文化的孕育、产生、发展和完善全过程的基本线索，是民族文化的精华和灵魂，对本民族传统文化无知、无情的人，是不可能承担起接续并光大民族基本精神的神圣职责的，也是不可能形成表征民族精神与时代精神内在统一的思想政治素质和高尚的道德情操的。正如楼宇烈先生所说："我们要做到我有一颗中国心我们要认识到我们是在什么样的文化土壤上成长起来的一个对国家、民族的传统文化没有了解的人，对自己国家的文化传统没有自信心和尊重的人，是很难让他生起爱国心的。"

作为中华民族基本精神的主要载体，中国传统文化不仅为所有的华夏儿女找回共同的精神依托，而且使之树立共同的理想信仰和精神追求，从而真正懂得生存的本根和生命的真谛之所在，从而保证中华民族的精神之花长盛不衰。

中国传统文化的伦理性，首先，体现在其对于作为"万物之灵长"的人的关注。这种关注不仅渗透在"天人合一"的自然观、"厚德载物"的社会观中，而且还于"以和为贵"的群己观和"修身、齐家、治国、平天下"的人生观中得以彰显。其次，中国传统文化的伦理性还体现在其对于社会道德的建构上。无论是"卧薪尝胆""天行健，君子以自强不息"的奋斗观，抑或"不为五斗米折腰""富贵不淫，贫贱不移，威武不屈"的气节观；还是"老吾老，以及人之老，幼吾幼，以及人之幼"的仁爱观；"见利思义"的义利观，抑或"诚信者，天下之结也"的诚信观，都洋溢着浓厚的道德意蕴，并经受了历史的长期考验。此外，中国传统文化的伦理性，也体现在其对于民族认同心理的塑造上。从"民贵君轻"的民本精神、物物相依的集体情怀、人定胜天的能动意识、"知行合一"的实践态度，到不畏强暴的抗争精神、经世致用的求实态度、生生不息的变革意识、洁身自好的道德自律意识，再到"先天下之忧而忧，后天下之乐而乐"的责任意识；"横眉冷对千夫指，俯首甘为孺子牛"的磊落气概；砥砺嗜学、上下求索的求知态度；兼容并包、世界大同的豁达胸襟，这些宝贵的精神财富，千百年来铸就了中华民族强大的凝聚力和向心力，激励着亿万中华儿女为民族的振兴建功立业。

文化是民族的灵魂，是维系民族团结，塑造民族自尊、自信与自豪，增强民族凝聚力与向心力的思想基础与精神纽带，它记录着一个民族治乱兴衰与聚散离合的发展足迹和奋斗历程，反映着一个民族的精神品格和道德定位，体现着一个民族的综合实力与发展潜力。正是基于文化的这一本质属性，我们在当代建设中华民族共有精神家园时，就应该扎根于中国传统文化，从博大精深的优秀传统文化中汲取无尽的智慧与力量，以充分激发全国各族人民共同参与建设精神家园的热情与活力，拓展和提升人们精神生活的价值与意义，使其在精神超越中，步调一致地朝着共同的奋斗目标前进。

二、实现当代中国思想政治教育文化生态的优化

"文化生态"的概念最早由美国文化人类学家斯图尔特于 20 世纪 50 年代中期提出，意在说明人类的文化和行为与其所处的自然生态环境之间的相互作用。斯图尔特在研究中侧重于环境对文化的影响，认为文化的进化就是文化对生态环境的"适应"过程。因此，具体的文化形式是与具体的生态环境相适应的结果。我们这里所说的"文化生态"，也是借用生态学的方法研究文化而形成的一个概念。它是与自然生态相比照而言的，意指在一定历史时期、一定社会文化大系统内部，各个具体文化样式之间相互影响、相互作用、相互制约的方式和状态。与此相对应，思想政治教育视野中的文化生态，即是指构成特定时期、特定国家和社会思想政治教育总体文化语境的各种文化形态之间相互影响、相互作用和相互融通所形成的一种文化整体演进的样态。

20 世纪 80 年代，我国实施改革开放政策，和 90 年代社会主义市场经济体制的逐步建立和完善，出现了经济成分多样化和政治生活民主化趋势相适应的多元化的、丰富的社会主义初级阶段文化生态。这种文化生态以凸显社会主义的"主流文化"与"精英文化、民众文化等非主流文化的密切合作"为特征。它既保证了党和国家政治文化话语系统的主导地位，又体现了不同阶层社会群体的文化需求，从而为我国当代思想政治教育营造出较为适宜的文化语境。

在构成我国当代思想政治教育文化生态的诸文化形态之中，从其本身所具有的思想政治教育属性来说，中国传统文化无疑显示出巨大的优势。作为以爱国主义为核心的中华民族基本精神的摇篮，中国传统文化不仅是构成社会主义主流文化的重要因素，而且也是我国当代精英文化的主要载体。这种文化属性的综合性，使中国传统文化在新时期的思想政治教育工作中，获得了极大的整合功能，从而在我国当代思想政治教育的内化过程中，能够发挥出自身所具有的独特的资源优势和引导作用。正是在这个意义上，我们说，在我国当代思想政治教育的创新工作中，要确保中国传统文化应有的地位，并高度重视和充分发挥其历史的功用。但是，需要指出的是，全球化时代的文化多样性与民族性的有机统一，以及我国当代思想政治教育独特的社会主义属性，又决定着我们必须将对于中国传统文化的认同，与对于马克思主义指导地位的坚持，和对于古今中外优秀文化资源的批判继承、创造性运用结合起来，这不仅是中国

特色思想政治教育文化生态优化的必然路径，而且，也是传统文化视阈下，党和国家思想政治教育创新工作的重要使命。

（一）中国传统文化与当代思想政治教育的内化

"内化"是思想道德领域特有的概念之一。它的提出最早可以上溯到春秋战国时期的道家代表性人物庄周。庄周在《知北游》中，对古今之人在道德意识与道德行为方面的差异做了说明。他指出："古之人，外化而内不化；今之人，内化而外不化。""内化"一词由此诞生，并进而逐渐成为人类思想史和教育史上大家所公认的一个专有名词。

西方第一个提出"内化"概念的是 20 世纪初的法国社会学家迪尔克姆。迪尔克姆是从社会学的角度提出这一问题的，他在《道德教育》一书中指出：社会意识本身具有规范体系，它超越个人意识独立存在，透过内化的过程而根植于个人意识中。即社会意识向个体意识的转化。在迪尔克姆之后，西方的很多教育家、思想家和心理学家，例如皮亚杰、维果茨和凯尔曼等，都对道德内化问题进行过较为深入的探讨，并提出了许多比较合理的观点。

在综合我国古代，以及西方国家道德内化现有研究成果的基础上，我国思想政治教育界对于内化问题，目前已经形成了较为一致的看法，那就是所谓思想政治教育的内化，即是"个人真正接受社会发展所要求的思想、观念、规范，并将其纳入自己的态度体系，变为自己意识体系的有机组成部分，成为支配、控制自己思想、情感、行为的内在力量的过程"。从我国学界对"思想政治教育内化"概念的界定来看，内化问题可以说是事关思想政治教育成败的关键性议题。这是因为，思想政治教育本身具有过程属性，这种属性在于思想政治教育工作，就是要把特定阶级、政党或国家，对于受教育者的外在的客观要求，转化为其内在的主观意识，再由其内在的主观意识进而开华为一定的思想道德行为而作用于社会的过程。只有如此，思想政治教育工作的目标才能实现，并取得一定的社会效益。由此可知，思想政治教育的实质就在于实现一定的道德意识由"内化"而"外化"的转化。其中，内化即是关键性的前提，没有内化环节的实现，也就不可能有外化的结果。

从教育心理学的维度来说，人的活动是一种主体性活动。主体性活动的最大特点是，活动受主体内在的自觉意识所支配，一切行为最终都要通过人的头脑内化为精神动力，即转变为主体自身内在的、自觉的动力，才能从真正意义上推动主体的行动。在马克思主义思想政治教育历史上第一次明确提出"精神动力"概念的是恩格斯。他曾经明确指出："就单个人来说，他的行动的一切动力，都一定通过他的头脑，一定要转变为他的意志的动机，才能使他们行动起来。"在此基础上，他进而认为，人的感觉、思想、动机、情感、意志等作为主体内化了的精神因素，都可以成为推动人们行动的精神动力。在了解这些精神动力的表现形式之后，我们接下来需要思考的就是这些精神因素的源泉问题。换句话说，就是推动人们道德行为的原动力到底在何处？对此，德国哲学家黑格尔曾经做过回答。他认为："那个使他们行动、给他们决定的存在的原动力，便是人类的需要、本能、兴趣和热情。我要把什么东西实行起来，成为事实，乃是我的热烈的愿望。我必须参加在里边，我愿意从它的实施而得到满足。假如我要为任何目的而活动，它无论如何必须是我的目的，我必须同时在这种参加中，贯彻我的目的，得到满足。"从本质上说，人的需要是人的实践活动最为根本的内在动因和原发性力量，正是在这种需要的基础上，作为自主、自为和自觉的人，才有了明确的目标、强烈的动机、顽强的意志和热切的欲望，并在此精神力量的推动下，为实现自己的追求而从事各种社会实践活动。简言之，"人们总是从自身的需要出发来认识和改造世界的，而认识和改造世界的最终目的又是为了满足自身的需要，需要形成目标，目标化为行动，行动实现目标，并最终满足人的需要"。这种以行动作为中介的人的需要和目标之间的双向互动，为我们研究思想政治教育的内化问题提供了很好的借鉴。

作为一项为特定阶级、国家和社会培养合格接班人的意识形态教育事业，思想政治教育必须具有鲜明的党性，反映特定阶级和国家的意志和需要，这是毋庸置疑的。然而，必须指出的是，思想政治教育同时也是一门科学，它也有其内在的属性和自身运行的基本规律。这种客观情况的存在，就决定了我们在思想政治教育工作中，既要考虑到国家和社会的需要，以凸显其意识形态属性，也要注重受教育主体自身的需要，以保证思想政治教育内化环节的顺利完成，并进而经由外化环节以取得实效。如果单纯地突出国家和社会的需要，而有意忽视或抹杀受教育主体自身的需要，在思想政治教育实际工作中只见"物"、不见"人"，就会违背思想政治教育内在的客观规律。为了保证我国当代思想政治教育内化过程的顺利进行，我们必须做好国家的需要与社会成员的个人需要的有机整合工作。从本质上说，在思想政治教育过程中，受教育主体个人的教育需求和特定阶级或国家的教育要求之间并不存在矛盾，而是完全能够加以整合的。实现两者有机整合的关键，在于找到它们的价值同构关系。例如，民族认同教育，人之所以要有民族归属感，在于对个人前途和民族命运统一性的理性认同。而认同自己的民族精神实质就在于肯定个人与社会的统一，肯定个人的人生观、价值观与民族的前途、命运的融合，并在此基础上形成由衷的民族自尊心、自信心和自豪感，进而产生推动国家民族进步发展的强大精神动力。思想政治教育的根本目标在于通过系统而深入的教育和影响，为特定阶级、政党和国家培养出具有远大理想、坚定信念、德才兼备的优秀人才。

但与此同时，思想政治教育还要立足于满足社会上不同群体、不同阶层的受教育主体在思想、情感和愿望等层面的实际需要，以求普遍提高人们的思想政治素质，以及文化水平。因此，这种建立在社会需要和个体需求相互统一基础上的，在培养目标上的先进性要求与广泛性要求的有机整合，就使思想政治教育工作呈现出明显的层级性。而这种具有方法论意义的层级性教育，对于我国当代思想政治教育的内化工作也有重要的借鉴价值。在进入 21 世纪不久，就有学者提出了社会主义思想道德教育的层次理论。该理论主张，将我国当前的社会主义道德教育划分为三个层次。

中国传统文化卷帙浩繁，道义精深。其中，不仅包含上至天人，复至人性，下至人生的宏观义理，而且统摄知行、义利、公私、理欲等伦理精华，其深沉的伦理道德意识、浓郁的民族文化韵味。不仅对国家推行德治教化、匡扶社会公理与正义，营造积极向上的社会风气，有着良好的助益，而且对每一个公民树立历史责任感和民族使命感、成功入世营生、规范举止言行、培养公共德行与自我修养，都有深刻的启迪。中华民族作为"文明之邦""礼仪之邦"的美名也因此而成就：中华文明从古至今绵延不绝、生生不息、世所罕见的文化历史传统和崇德重义的民族基本价值取向，也因此而得以塑造。同时，也正是因为中国传统文化所具有的这些思想道德教育之功能，所以，当我国思想政治教育在国内外历史环境发生巨大变化的历史条件下，逐渐回归理性和务实的轨道上来的时候，其重要性也就逐渐显露了出来，进而成为我国当代思想政治教育创新的重要语境，并在思想政治教育内化过程中发挥出显而易见的巨大作用。因此，在我国当代思想政治教育的内化过程中，我们应该更加重视并注意充分发挥中国传统文化的教育和引导作用，以切实推动思想政治教育内化环节的顺利完成，并在此基础上，经由外化环节而作用于社会和民众，以引领社会风气、淳化民风民俗，促进"与社会主义市场经济相适应、与社会主义法律规范相协调、与中华民族传统美德相承接的社会主义思想道德体系"建设目标的早日实现。

（二）中国特色思想政治教育文化生态的新图景

思想政治教育与文化，是密不可分的。这是因为：一方面，一定的文化，作为人们改造自然和社会过程中所积累下来的经验和智慧的结晶，它在形成以后又会通过对于人类文明的传承，而反过来对它的创造者产生各种各样的影响和渗透作用，发挥着教化功能，即人创造文化，文化又塑造人。而另一方面，从本质上讲，思想政治教育本身就是一种文化传播活动，是特定社会或社会集团用一定的思想观念、道德规范，对其成员施加有目的、有计划、有组织的影响，使他们形成符合一定社会或一定阶级所需要的思想品德的社会实践活动。在这里，一定的思想观念、道德规范，实质上就是一种文化，是一种特殊形式的文化，即政治文化、伦理文化，而正是这种文化构成了思想政治教育的基本载体。由此可见，无论从宏观的社会大背景，还是从微观的具体操作环境来看，作为特定社会意识形态的重要组成部分，思想政治教育的顺利进行，都不可能离开一定的文化生态。

思想政治教育与其所处的文化生态之间的密切关系，也给我们的思想政治教育实际工作提供了深刻的启示。我们知道，我国当代的思想政治教育工作也是在一定的文化生态系统中进行的。因此，我们能否促进这一文化生态的不断优化并最终使之走向完善，以符合我国社会主义初级阶段的基本国情和新时期思想政治教育创新的实际需要，将是关乎思想政治工作成败与得失的关键性问题。客观地说，自改革开放以来，我们已经形成了彰显社会主义基本意识形态属性的主流文化，和以精英文化、民众文化为代表的各种非主流文化层级分明、有序竞争、和谐共存的文化生态，这为我国当代的思想政治教育工作营造了较为适宜的文化语境。但是，毋庸讳言，我国目前的文化生态在总体的适宜中还存在着显见的不足，在表面的和谐中，还潜伏着深层的隐忧。对这种不足和隐忧在现实社会生活中的表现，有学者做了分析：主导文化（即笔者所说的主流文化)、精英文化、大众文化（即笔者所说的民众文化）并未形成真正的"三足鼎立"。其中，精英文化由于种种历史和现实的原因，处于明显的弱势，其文化覆盖面和文化影响力，都大为不足。而由于精英文化的退隐和缺席，由于商品逻辑的顽强渗透，由于文化全球化的迅猛发展，大众文化却异军突起全方位地渗入大众的日常生活，人们的衣、食、住、行，无一不受到大众文化的引导和控制，而随着大众文化的强势扩张，则导致了文化生态的不稳定和不均衡，客观上形成了大众文化的话语霸权。这样，特别是对于那些道德/价值观尚未成熟的广大学生、追求时尚的男女青年而言，大众文化更是已经成为事实上的主流文化，对他们的思想观念、价值取向、审美趣味、生活方式等，产生了不可忽视的深刻影响。就其本质来说，作为一种借助大众传媒传播、以获得商业利润为目的、服务于大众消费娱乐的文化形态，大众文化是市场经济的必然产物，它在我国当代社会生活中的合理存在，不仅是必要的，而且对于活跃民众的社会生活、排解市场经济时代激烈竞争带来的高度紧张和压抑的精神困扰，具有积极的意义。

但是，需要指出的是，大众文化外在的娱乐消遣形式及其内在的追求利润的根本目的，决定了它本身的物质主义、享乐主义、消费主义的价值取向和对非理性主义的狂热追捧。在这种情况下，它就很难有任何道德的坚守和对崇高价值理想的不懈追求，更不会去主动支持任何时代都不可缺失的人文理想。对这一点，我们从近几年影视娱乐界此起彼伏的"戏说"正统历史的风潮、喧嚣一时的"恶搞"红色经典的闹剧、层出不穷的违背社会道德的广告和光怪陆离的颠覆传统价值的"时尚"，便可以看得出来。因此，从思想政治教育的视角来说，我国当代大众文化话语霸权的客观存在及其对主流文化的巨大冲击，已经给我们文化生态的平衡造成了显见的消极影响，特别是大众文化对于人们世界观、价值观和人生观的广泛、渗透，更是给当前的思想政治教育工作敲响了警钟，凸显了我们进一步健全和优化我国当代思想政治教育之文化生态的必要性和紧迫性。

以中国传统文化为特色，是我国当代思想政治教育的文化生态得以优化的重要保证。这是因为在构成我国当代思想政治教育文化生态的诸文化形式之中，从其本身所具有的思想政治教育属性来说，中国传统文化所拥有的优势是最大的。这种优势表现在中国传统文化中积淀了丰富的道德学说，形成了较为完备的传统道德教育体系。从其基本渊源上来说，文化作为"人文化成"的产物，其本身即含有"教化"之意。文化的这种意蕴对于中国传统文化来说，显得更为突出。从某种意义上说，中国传统文化实质上就是一种传统道德教育文化。按照目前有文字可考的历史来看，我国传统道德教育始于西周。周王朝在总结夏商王朝灭亡的深刻教训以后，就提出了"惟不敬厥德，乃早坠厥命"的"以德配天"思想，并由此开辟了中国传统道德教育之先河。西周不仅是我国历史上迄今所知最早进行思想道德教育的王朝，而且它的以"礼乐"为主要形式的道德教育之模式，也颇具优势。

第五章 全媒体环境下高校思政教育的创新对策

全媒体时代，信息传播量加大，信息传播速度加快，同时，全媒体时代具有开放性、共存性的特点，诸多信息良莠不齐，对高校思政教育工作提出了全新的要求。因此，在全媒体时代下如何创新思政教育的内容、方式和模式，成为摆在每一名教育工作者面前的课题。综合分析当前形势以及高校思政工作的新要求，要想不断提升新时代全媒体环境下的思政教育工作，必须要同步加强思想创新、技术创新、制度创新和人才创新。本章分为全媒体环境下高校思政教育的观念与内容创新、全媒体环境下高校思政教育的方式方法创新、全媒体环境下高校思政教育的模式创新三部分，主要内容包括：新型思政教育观与学生观、全媒体下思政教育方式方法创新等。

第一节 全媒体环境下高校思政教育的观念与内容创新

一、新型思政教育观与学生观

（一）传统媒体下的思政教育观与学生观

在传统媒体背景下的思政执行者或教育者依赖着国家教育制度对大学生进行单向与定向的思想灌输，努力做到"诲人不倦"，在教育活动中占支配地位，很少顾及学生的个性需求；而大学生则大多处于被动接受的地位，对教师知识的依赖性较强，只能在课堂上"乖乖"听从和服从，力争做到"百听不厌"。这种陈腐的教育理念造成了教育理论与实践的严重脱节、教育方式方法的严重滞后、思政教育的社会效益严重低下。为此，全媒体环境下的大学生思政教育工作必须全面深化改革、务实创新。

（二）构建新型思政教育观与学生观

在现阶段，我们通过整理或梳理党和国家在近期的系列方针政策、通过明确其指导思想与任务，就可以异中求同地、比较全面地了解和把握全媒体环境下新型的大学生思政教育观与学生观。

1. 重要文件梳理

中共二十大报告明确指出要"用社会主义核心价值观铸魂育人，完善思想政治工作体系""这为新时代思政教育提供了根本遵循。推进大中小学思想政治教育一体化建设，是解决培养什么人、怎样培养人、为谁培养人这个根本问题的关键举措，只有深刻认识'为党育人，为国育才'的重大意义，系统推动实施一体化建设、拓展育人空间、形成协同效应，才能更好落实立德树人根本任务，培养德智体美劳全面发展的社会主义建设者和接班人。"

2020 年 12 月 30 日中央全面深化改革委员会第十七次会议审议通过的《新时代加强和改进思想政治工作的意见》，《意见》明确，新时代加强和改进思想政治工作的指导思想是：以习近平新时代中国特色社会主义思想为指导，全面贯彻党的十九大和十九届二中、三中、四中、五中全会精神，增强"四个意识"、坚定"四个自信"、做到"两个维护"，紧紧围绕统筹推进"五位一体"总体布局和协调推进"四个全面"战略布局，坚持稳中求进工作总基调，围绕巩固马克思主义在意识形态领域的指导地位、巩固全党全国人民团结奋斗的共同思想基础这一根本任务，自觉承担起举旗帜、聚民心、育新人、兴文化、展形象的职责使命，把思想政治工作作为治党治国的重要方式，着力固根基、扬优势、补短板、强弱项，提高科学化规范化制度化水平，充分调动一切积极因素，广泛团结一切可以团结的力量，为人民服务，为中国共产党治国理政服务，为巩固和发展中国特色社会主义制度服务，为改革开放和社会主义现代化建设服务。

2. 观点内涵概括

由上可见，全媒体环境下新型大学生思政教育观与学生观的内涵可以概括为，坚持以习近平新时代中国特色社会主义思想为指导，紧紧围绕统筹推进"五位一体"总体布局和协调推进"四个全面"战略布局，坚持和加强党的全面领导，充分发挥中国特色社会主义教育的育人优势，以立德树人为根本，以理想信念教育为核心，以社会主义核心价值观为引领，以全面提高人才培养能力为关键，强化基础、突出重点、建立规范、落实责任，一体化构建内容完善、标准健全、运行科学、保障有力、成效显著的高校思想政治工作质量体系，形成全员全过程全方位育人格局，切实提高工作亲和力和针对性，着力培养德智体美全面发展的社会主义建设者和接班人，着力培养担当民族复兴大任的时代新人，不断开创新时代高校思想政治工作新局面。由此，充分发挥大学生在思政教育中的主体地位与积极性、主动性和创造性，以及充分利用全媒体服务于思政教育是时代的要求和必然。

3. 突出强调的原则

根据一般的理论，大学生思政教育的原则主要包括：方向性、主体性、层次性、求实性、民主性、渗透性、示范性和激励性等。通过收集、整理、分析和归纳，多份党和国家有关思政教育的文件中，概括出了以下几个十分具有时代意义的原则，而这些原则目前还明显存在着贯彻不力的问题，务必要抓住"主要矛盾"予以解决落实。

其一，针对性与有用性。思政教育必须把握矛盾特殊性，必须在教育的对象和解决的问题上，坚持"有的放矢"的"靶向"针对性，同时又要注意"学马列要精，要管用"和"坚持解决思想问题与解决实际问题相结合"的实际有用性，要一切为大学生着想，针对实际的困难困惑，诸如就业、人际交往等积极地进行引导、疏导，实实在在地为大学生排忧解难。

其二，实践性与创新性。"苟日新，日日新。"现阶段的大学生思政教育要务必坚持实践创新。只有坚持实践创新，思政教育才能充满生机；而只有坚持"实践育人"，才能把大学生培养成创新型人才，适应未来社会发展的需要。这也正如中共十八大报告强调指出的那样，"实践发展永无止境，认识真理永无止境，理论创新永无止境"。

4. 拓宽研究视角

环境必然影响思政教育，今后的研究可拓宽视角，着眼于环境影响大学生思维方式的机理，外部网络等媒体的负面投射，微信及微博的舆论影响，"段子化"的情绪表达方式和实时化、移动化的传播模式等进行研究。目前，我国高校正处于转型关键时期，而对于高校思政教育客体的研究多停留在经验总结层面，今后可通过横纵向的实证研究把握高校的特征，总结出一般的适用规律。

二、新型思政教育内容体系

（一）大学生思政教育的一般内容体系

1. 现有课程微观内容

按照现行的课程设置方案，大学生思政教育系统的内容体系一般由以下内容组成：一是世界观教育（含辩证唯物主义与历史唯物主义），二是政治观教育（含基本国情、党的基本路线、爱国主义与形势政策），三是人生观教育（包含理想与前途教育、人生价值观、成才教育、艰苦奋斗精神），四是法制教育（含社会主义民主与法制、遵守纪律），五是道德观教育（含职业道德与社会公德、恋爱婚姻家庭道德等）。

2. 现有课程内容的局限性

在实际的思政教育的过程中，由于国内外形势与国内政策不断变化，而教材不可能每日或每月或每年更新，教师所依据的教材内容肯定会相对滞后；同时，思政教育学科教材中的案例缺少而略显空洞，教师自身的综合学科知识比较缺乏，部分教师的全媒体素质较低。因此，大学生思政教育的内容的鲜活性、可读性与针对性不强、理论联系实际"管用"的内容不足，很难满足"个性张扬"的"天之骄子"的需求，急需进行教材内容与讲授内容的创新。

（二）全媒体下思政教育内容体系的完善

随着国际形势的不断变化、市场经济改革的纵深推进、科技的日新月异发展与全媒体技术的加速开发和应用，大学生思政教育内容需要与时俱进地更新、拓展、补充，其内容体系也需要不断完善。

1. 编写教材要求务实

思政教育教材内容的编写，务必要紧密联系国情、联系实际、联系学生、联系生活、联系热点、联系学生的常见"问题点"，这是保证教材的思想性、针对性与实效性的前提。

而在高校思政教育课程建设的总体设计上，必须要让大学生"真心喜爱、终身受益"，要采用全媒体的表现形式让内容丰富生动，要实施课程"体系创新计划"，借以

"切实推动中国特色社会主义理论体系进教材进课堂进头脑"。

2. 教授内容不能"干瘪"

由于专业结构的限制，教师一般自身的专业功底都很雄厚，但是因为太专业，所以其学科面相对较"窄"或单一，导致其教授的思政理论课的内容无法丰富，甚至是教条与枯燥的。

同时，由于他们的职业身份限制着他们不能够从事多种职业或多种社会活动，也就自然不能获得各种职业或社会活动的感性知识或理性知识经验；加之大学生未来发展的方向或从事的职业是不尽相同的，其现实或未来的需求也是多种多样的，教师原有的"渊博"的思政教育知识，现在已经显得有些"捉襟见肘了"，原来的"一桶水"已经很难满足全媒体下大学生"一碗水"的需求了。如有的教师没有学习与思政工作直接相关的心理学，没有理财经验，没有接触过直销（区别于传销），没有网购的实践，没有签订劳动合同的经验，没有注册公司也就很少有企业人力资源管理的经验，未接触国际法也就很难判断国际是非等，而思政教育的内容却囊括了上述所有的内容。

因此，教师虽不是天才，但不能不把自己培养成为全媒体下思政教育的综合型人才或"通才"。否则，与学生讨论的时候会出现"卡壳"、尴尬的局面，更无法"知彼（学生）"，也就无法肩负起"教书育人"的神圣职责与历史使命。

3. 教育内容结构要优化

发展高校思政教育，首先要对教育内容进行优化与改革，以往的教育内容大多是课本上的固定思想和理论，教师主要采用简单重复的授课方式。全媒体时代，新媒介无论是在教育手段还是在信息传播上都有着极大的优势，所以需要思政教育工作者将重点放在内容结构优化上。整个教育内容需要以课本为核心，使教学内容的理论性与实践性完美结合，用以克服教育内容抽象晦涩的缺点。因而优化思政教育的内容结构首先要贴近社会现实，不能局限于课本，要贴近时代，把握时代特征。当下的主流政治思想就是社会主义核心价值观，这不仅是对个人更是对社会的一种理想化要求，需要学生理解并践行。其次，优化思政教育的内容结构要贴近专业要求。培养有道德的人是大学生专业教育的前提，高校应加强思政教育与专业教育的紧密联系，实现为社会培养有道德的职业人才的目的。最后，优化思政教育的内容结构要贴近学生实际，每一个重点内容的讲解最好以社会实例为引子，因为社会发展对学生本身的影响是深远的。我国很多高校在进行思政教育时都会引用"感动中国"当中的部分先进例子，这些都是教育教学的重点参考材料，所以笔者建议在思政教学中插入类似的信息，以拉近课程理论与学生的距离。

4. 教育内容需要创新

（1）内容创新的着眼点

基于对学生现在的生活或未来发展可能出现的问题的现实思考，教材或教师的教授还应该增补或者扩充一些与"现代"学生的学习、生活或未来职业生涯密不可分的"管用""适用"（强调针对性）与"实用"（强调实效性）的知识，这有助于教师能够很好地"知己"又"知彼"，适应大学生"全面发展"的内在需求，也是思政教育课程内容设置的应有之义。

（2）内容的增加与强化

大学生一毕业就面临工作或生活问题，如劳动合同问题、租房问题、购房问题、理财问题等。因此，教师需要在教育内容中增加诸如炒股与期货等金融理财知识；增加并突出诸如借贷、买卖与租赁合同等合同法知识，增加企业选项与公司设立的常识、电商创业与相关法律知识、公务员或企事业单位招考应聘就业技能；强化学习劳动合同法或者治安管理处罚法、消费者权益保护法与婚姻法、学生意外伤害条例与网络道德法规等。如在讲授见义勇为、拾金不昧行为的时候，教师需要熟练地应用所学的法律知识讲清楚见义勇为中的正当防卫与防卫过当问题、拾金不昧中报酬索取的权利问题。

可以尝试性探讨和开展"思政教育危机管理"的研究。要强化对教师与学生的"全媒体素质"教育，加强传授行政文秘事务常识、旅游道德修养知识，教育学生自尊自重和洁身自好，加强网络安全教育与人身安全教育，讲授国学礼仪与人际关系知识等。

（3）增补内容的教与学

对于上述增补或需要强化的内容，可以设置成多个小课程要求学生必修或单独开设选修，给予一定的学分；也可以在必修课程中联系或者渗透上述相关的增补内容。由此，可以调动大学生根据自己的现实情况、未来发展的需要，对这些"管用"的"小课程"进行"适应性的"必修或选修，从而促进其自主接受思政教育的积极性、主动性和创造性。南京师范大学的教师在深化思政教育课堂教学方面做得比较好，他们开展了辩论、模拟答新闻记者问等活动，内容生动。

第二节　全媒体环境下高校思政教育的方式方法创新

一、大学生思政教育的基本方法

（一）大学生思政教育方式方法概览

在整个大学生思政教育系统中，教育方式方法也是不可缺少的重要组成部分。现阶段大学生思政教育方式方法一般包括：比较鉴别法、实践锻炼法、理论灌输法、榜样示范法、自我教育法以及咨询辅导法等。在实际的思政教育活动中，这些"母"方式方法又滋生出各自的"子"方式方法或微观具体的方式方法，这样，在大学生的思政教育任务完成的过程中，"母"与"子"共同做出了不可磨灭的贡献。

（二）大学生思政教育方式方法微观

除此之外，关于大学生思政教育的方式方法问题，通过整理党和国家的有关文件资料，可以归纳出一些常规性的微观具体方法。

大学生的思政教育要坚持课堂与课外、教学专题与讲座，请进来与走出去相结合，围绕重大节日开展自我教育、座谈会、研讨会、志愿者活动等；要积极组织专家讲座、报告会、论坛、讨论、交流、写心得、征文、演讲，创刊、座谈、文艺演出等活动；要参加社会实践，包括军训、社会调查、志愿服务、公益活动、扶贫开发、社区服务、"红色之旅"等；要开展素质拓展训练，设立专门的职业生涯设计机构，积极开展就业前的见习活动。

由上可见，上述方式方法中，"三种会议"（报告会、座谈会、研讨会）仍然是大学生思政教育方式方法的"重头戏"，而"四个活动"（军训、劳动、旅游、参观）依然是大学生思政教育方式方法的"顶梁柱"。与这些活动相关的部门的文件虽然也涉及新的网络教育的方式，但从总体上考察，绝大多数还停留在全媒体之前的状态，与传统媒体下的思政教育方式方法似乎是浑然一体的。

二、全媒体下思政教育方式方法创新

（一）全媒体下思政教育方式方法的更新

近几年，随着科技的进步、全媒体技术的发展，党和国家早已积极倡导有关大学生思政教育新的方式方法。

如中宣部和教育部倡导应用互联网信息技术，拓展教育空间、创新教学方法；要求建设与形势和政策教育相关的专栏或网页，组织网上教学与讨论等。

教育部倡导要建设好"大学生就业见习行动网"，强化网络思政教育功能；构建与用人单位间的"就业创业平台"；鼓励"牢牢把握网络思政教育主动权"，"积极开展网络思政教育活动"；深入实施"网络文明工程"，开展网络道德方面的问题辩论、网页制作竞赛等活动。

中宣部和教育部又要求"探索符合教育教学规律和大学生特点的教学方法，提倡启发式、参与式、互动式、案例式、研究式教学"，同时"重视发挥多媒体和网络等信息技术的重要作用，倡导在教学中使用新技术新手段，逐步实现教学手段现代化""形成网上网下教学互动、校内校外资源共享"。

由上可见，大学生思政教育方式方法的改革是与科学技术的进步亦步亦趋、如影相随的：全媒体的发展、全媒体技术的广泛应用催生了大学生思政教育方式方法的不断更新；在党和国家创新政策的倡导与支撑下，网络思政教育的观念开始逐步深入人心，互动式合作交流、富有全媒体网络特点的思政教育方式方法开始打上了时代的烙印并逐渐被推广盛行。

（二）全媒体下思政教育方式方法的完善

1. 重视教育网络的组织管理

全媒体教育平台需要高校在发展阶段逐层建立，如思政教育门户网站、思政教育网络交流平台等。这些平台的信息量较大，需要专业人员进行管理，定期同学生交流，在吸引学生关注的同时向学生传播思政教育理论，发布一些主流新闻信息，让大学生在和谐的网络环境下完成课堂外的自我教育，这也是全媒体带来的一大优势。

2. 增强媒介素养教育

全媒体时代，身处其中的人和工作都不能摆脱它的影响，人与媒体之间的关系成为这个时代一个人的一种属性。同时也意味着各高校应正视"全媒体"在思政教育中扮演的角色，增强媒介素养教育。

第一，加强学生的媒介素养教育。对学生而言，重点是"触媒素养"教育，尤其是对于那些个性张扬、自主性强的高校学生，应提高其媒体信息的基本警觉性，培养学生健康理性的媒介批评和鉴别能力。

第二，加强教师的媒介素养教育。首先，增强高校思政教育工作者对于各种信息的筛选和辨析能力，掌握媒介信息解读的正确视角，辨别媒介信息的真伪。其次，教师应关注学生的思想动态，特别是学生与全媒体接触的情况，及时制止错误思潮给学生带来的侵害，及时给予正确引导和回应，帮助学生树立正确的价值观和理想。最后，教师应及时了解全媒体的发展动态，熟谙全媒体的技术和功能，并能在高校的思政教育中进行运用。

高校可根据实际情况，建立一个全面而系统的考核体系，根据不同的岗位和工作需要，考查思政教育工作者对于全媒体技术的运用情况，并以此为依据加强媒介素养教育培训。

3. 政策的激励

在开展大学生思政教育工作的问题上，教育部党组积极地鼓励"要大胆创新，不断探索大学生思想政治教育的新招、实招和硬招"。

团中央更是明确指出："要创新大学生思想政治教育的内容、形式、手段和载体，不断提高思想政治教育的针对性、实效性和吸引力、感染力。"

4. 注重形式创新

高校学生思维更为活跃、更为自主，在条件支持的情况下，高校应充分调动学生的创造性，尊重学生的个性化需求，鼓励学生"自我教育"，形成民主、自由、平等的育人模式。

全媒体环境下，推动线下互动。基于大学生"朋辈"之间相似的心理，在操作层面可开办马克思主义读书会、党员朋辈结对子等活动。结合本身特点，高校可借助主体学校优质的资源和师资，进行院与院之间的党团活动、社团活动。同时，高校的学生一般都比较务实，在毕业后会立即投入工作，高校可推动校外协同配合，促进多主体共同参与，整合优化校内外资源。

基于全媒体技术应用的操作层面，高校思政教育工作者要能自觉提高对于全媒体技术的运用水平，如能够利用微博、微信、QQ 等，多形式多渠道地掌握学生的动态，并形成良好的互动。还可以利用全媒体多样的形式探索高校、社会、家庭之间的共同教育策略，促进家庭教育工作的信息化，使家长可以通过全媒体了解学校、了解老师、了解孩子。目前，南京航空航天大学的徐川老师、江西理工大学的饶先发老师、武汉大学的张志老师已然成为微信公众平台、微博使用的典范，掀起了老师、学生、家长、社会互动时代的高潮。

思政教育工作者应将传统与全媒体相结合、将线上与线下思政教育资源进行整合，为学生提供更多更好的享受高校、主体院校和校内、校外优质教育资源的机会，打造有主导、多形式、无边界的育人平台，使思政教育工作充满吸引力、感染力和辐射力。

5. 更新思维，做实工作

对于思政教育工作者而言，"全媒体"不仅是教育教学手段的更新，更是思维上的革命。互联网的广泛应用使得互联网思维已经成为全媒体环境下影响和塑造人们思想意识的一种思维特质。封闭僵化、"背、写、考"的"文本教育"思维已不适合高校学生开放、多元、活跃度高的特征。互联网思维是一种"以人为本"的思维，强调开放透明、平等参与和去中心化，具有平等性、互动性、开放性、合作性等特点。

高校毕竟不是网校，在全媒体的环境下思考应对策略的同时，仍要坚守育人的根本，做实思政教育工作者的本职工作，回到学生本身。高校应发挥思政教育工作者与学生面对面交谈、切身实地地参与学生生活的优势，弥补线上活动的人情疏远的缺憾。同样，对于独立院校的学生，思政教育工作者更应该持有尊重的态度，让学生以平等的身份参与到育人系统工作中，推动教育主体与教育客体间"交互参与"育人机制的构建。高校应注重以人为本的"人本教育"，围绕高校学生的行为特点、思想道德、心理素质、兴趣爱好等，使思政教育模式由封闭走向开放互动，由完全的灌输状态进入"后喻时代"的互相学习。思政教育工作者应本着"育人"的目的，做实本职工作，发挥教育者主导作用和受教育的主体能动性。

6. 务实地开展实践创新

在"针对性""有用性"以及"实践性"原则的指导下，大学生思政教育方式方法的创新，务必做到心系学生，从宏观思考、从微观入手，力求"管用"。

第一，深化"实践锻炼法"。要应用全媒体技术，大力推行与学生的现在或未来利益紧密关联的系列专项情景模拟（也可以是网上模拟）或实践活动，如模拟签订民事借贷合同，模拟订立租赁合同、购房合同或劳动合同、婚前财产登记、参加法院庭审旁听。要让大学生"在战争中学会战争"，如学习和模拟公司的策划和筹办，加强"四防"工作（即防盗与防骗、防扰与防伤）。

第二，强化"咨询辅导法"。心理咨询不能够"浅尝辄止"或"单打独奏"，而要根据学生的个体实际，综合运用心理咨询的方法为思政教育服务（包括食疗、水疗、体育疗法、感统与沙盘以及催眠训练等）。从某种意义上说，心理咨询就是思政教育的连体"孪生兄弟"。

第三，积极细化分类培训与专项指导。一把钥匙只开一把锁。首先要根据学生的实际进行需求分类，如健美健身、美容瘦身、创业（网店、营销、加盟连锁等）、理性消费、金融投资理财、交友、礼仪、国学、情感或家庭婚姻爱情、法务、写作、琴棋书画等；接着开展专题讲座或举办俱乐部或会所等，让学生在自主选择的项目中愉快地接受教育。

第四，积极开展人生体验。根据学生的实际问题或情况，参考学生身体的因素，积极举办励志室内或野外强训、挫折体验（抗挫体验）或训练、成功体验、失败体验、破产体验，开展抗压力、抗干扰、失恋、失业体验，开展痛苦、人际关系紧张以及生命体验等，让自我教育在大学生的感受下不知不觉地进行，真正达到潜移默化的效果。本活动也可以与社会专业机构合作展开。

第五，创新职业教育服务机制。构建大学生职业教育的"全程动态指导服务体系"，成立专门的职业生涯设计指导机构，举办创业方面的分类专项培训与指导。如开展网店与电商运营常识培训、开设"公考"与分类应聘技巧辅导等；通过全媒体技术及时与求职学生互动、及时动态了解和解决求职疑难，收集整理"就业指导问题集"，反思指导工作。还要帮助大学生设计职业生涯：自己想做什么？能做什么？现在已经做了些什么？发展方向如何？要学会注意防范网络招聘骗局，要注意合同的签订、试用期、不被扣押证件物品等。

第六，坚持具体问题具体分析的针对性原则。如针对学生的突发性问题，要注重平时对学生的观察、了解，因为偶然性是必然性的结果。针对学生的网瘾问题，可寻找网络中的兴趣点与现实生活中的兴趣点的统一，在学生的学习、生活中激发其正能量，要用案例教育、心理厌恶疗法、实践活动或集体活动对其进行教育、引导，严重的需要进行强制性的戒瘾；要教育学生注意网上交友要慎重，要防止网络诈骗，带学生参观监狱、戒毒所等，让正在服刑的网络诈骗罪犯现身说法。针对学生简单拼凑论文的问题，可通过集体或者个别传授论文写作方法的途径加以解决；针对牢骚满腹、迷失方向的学生，要抓住学生的闪光点切入，先将人群分类，再综合会诊，分类指导矫正，鼓励健康交往。针对重点、热点、常规性问题，包括婚姻爱情、职业方向、人际关系、经济贫困、攀比与高消费、求职、学习等，可先分类，再针对性地进行具体指导，要将普遍指导与重点指导相结合、批量教育与零散教育相结合。

针对网络文明问题，需要普及网络法规，让学生注意反"水军"、不盗号、群发短信不带敏感字眼等；要维护网络民主，组织开展与学生生活密切关联的集体活动，如辩论、拍摄"微电影"等。要尊重大学生的主体地位，就必须要使教育的内容密切联系学生的生存与发展，让学生成为活动的组织者、领导者；要充分发挥教师的主体地位和主导作用，就需要把教师的教育教学与考核、激励与晋升等紧密结合。

7. 研发高校思政教育手机 APP

移动互联网技术的发展使智能手机处于媒体发展的前端，各种手机 APP 不断涌现。高校思政教育也应该顺应时代发展潮流，与时俱进，研发出手机思政教育 APP。手机 APP 可以把不便于网页浏览的资源、图书馆的教学资源、课堂上的教学资源及教师资源进行整合，让学生和教师打破时间和空间的限制，及时获取思政教育的信息。思政教育手机 APP 创新了思政教育的平台，整合了思政教育的内容，提高了思政教育的实效性。利用手机 APP 的方式进行思政教育是一种全新的开放式的教育，学生可以随时随地登录平台阅读相关内容，使思政学习更加方便快捷，大大地提高了思政教育学习的自主能动性。

研发思政教育手机 APP，其中选取的内容一定要符合大学生的兴趣，贴合实际，寓教于乐，让学生在轻松愉快的环境中接受教育。为了方便管理，学生可以用学号注册账号，这样也可以方便师生之间、同学之间的交流沟通，上课时如果遇到不理解的问题可在 APP 上向老师提问，老师布置的作业也可通过 APP 提交。思政教育 APP 可以根据学生的需要设立不同的内容，包括图书版块、新闻版块、交流沟通版块、游戏版块、视频版块等。依托 APP 的这些版块，就可以对大学生进行全方面、多层次的思政教育。

（1）图书版块。全媒体环境下，电子书成了高校大学生喜闻乐见的阅读方式。高校思政教育 APP 可以设计一个思政教育图书阅读的版块。可以将图书馆中的思政教育相关的书籍以电子书的形式放在这个版块，既方便了学生的阅读，也解决了有时候借阅图书的学生太多，需要排队等待的问题。此外，还可以将中央下达的文件放在这个版块，让学生可以及时地了解。

（2）新闻版块。高校思政教育 APP 中的新闻一定要贴切学生的生活和思政教育两个方面，要具有针对性。可以选取校园或者学生身边的新闻时事，及时更新学校的思政校园文化活动，让学生及时了解与参与。

（3）交流沟通版块。能否有效地实现师生之间的交流沟通是影响思政教育效果的一个关键因素。交流沟通版块可以设置名师版块，里面有各个思政教育工作者的联系方式，有利于学生更加便利地请教老师。一方面，学生在课堂上不敢面对面向老师提的问题可以通过手机 APP 向老师提问；另一方面，老师可以发布一些重要的专业知识，加强学生的学习效果。

（4）游戏版块。寓教于乐是思政教育 APP 的一个重要特点，可以设计一些积极向上的小游戏，既富有娱乐性，又有助于大学生树立正确的道德价值观。

（5）视频版块。当前，高校思政教育课程时间有限，许多老师讲课时可能没有时间让学生做笔记，再加上现在高校学生很少有预习、复习思政教育课本的，所以上课时对课本内容掌握得也不够清楚，所以经常存在上完课后就忘记了的现象。视频版块的设计则很好地解决了这个问题。老师可以将自己上课的视频、课件上传到这个版块中，方便学生的课下学习。还可以放置名师讲课视频、红色教育视频等，让学生更好地进行思政教育。

（三）全媒体下思政教育方式方法创新的实例

大学生的理想信念教育是思政教育工作的重要内容，也是多年来开展相关工作的难点。如何将正确的理想信念传递给大学生，并能入脑、入心，一直是高校思政教育工作者探讨的课题。

2013 年以来，北京高校深入推进"中国梦"宣传教育。与以往的灌输式教育不同，在此次"中国梦"主题教育工作中，北京高校力求贴近大学生的思想、行为方式，在主题教育的过程中采取了传统方式与全媒体应用相结合的方式，成为全媒体环境下高校如何引导大学生营造正能量、开展思政教育的一次较为成功的探索。

1. 案例简介

2013 年以来，北京地区高校按照教育部党组和北京市教育工委的部署安排，全面开展"中国梦"主题教育活动，通过宣讲会、座谈会、研讨会、各类校园文化活动使"中国梦"深入人心。一些高校在活动中发挥了思政理论课教学主渠道的作用，引导学生深入学习领会"中国梦"。清华大学马克思主义学院副院长肖贵清在"毛泽东思想和中国特色社会主义理论体系概论"教学中布置以"中国梦"为主题的课堂作业，挑选部分作业在学生中间开展交流，并对这些文章进行整理，出版了《清华学子的中国梦》，书籍总字数近三十万；北京交通大学利用思政理论课课堂前十分钟进行以"中国梦"为主题的宣讲。

与此同时，不少高校在活动开展过程中，积极运用网络、社交平台、影视等全媒体记录、传播、分享梦想，增强"中国梦"宣传教育的亲和力和感召力，得到了大学生的广泛欢迎和积极参与。对外经贸大学开办了"中国梦、贸大梦、学子梦"专题网站，将"中国梦"主题教育活动与深入学习贯彻党的十八大精神紧密结合起来，设计了多种形式的主题活动，加大力度制定了多种媒体立体交叉的宣传方案。北京师范大学中国文化国际传播研究院主办了中外大学生暑期 DV 交流活动，吸引海外大学生用 DV 记录"中国梦"。北京中医药大学举办了"中国梦，校园情，快乐心"微电影大赛。北京大学以"青春·创意·梦想"为主题，举办了十佳微电影大赛，鼓励学生以故事片、宣传片、纪录片、音乐片等多种形式进行创作。

2. 案例分析

大学生是一个思维活跃、思想前卫、勇于尝新的群体，在全媒体传播环境下，新的媒体形式迅猛发展，理想信念教育面临新的挑战。在传播内容上，信息海量，良莠不齐；在传播方式上，渠道多样，及时便捷；从传播对象来看，他们个性突出，主体意识强。而从北京大学党委宣传部的调查结果来看，北京高校集中开展的"中国梦"主题教育活动取得了很好的效果：学生知晓度高、参与度高、认同度高、美誉度高，为全媒体环境下大学生思政教育至少积累了以下两方面的经验。

（1）充分发挥新兴媒体的优势

有研究指出，全媒体正在不断进化，第一代以 MSN、QQ、博客、播客、论坛及门户网站为代表，第二代是微博，第三代为微信。据统计，迄今为止，已有近六亿人在使用全媒体，而人们平均每 6 分钟就会看一次手机，这都表明，作为微信载体的手机，已经成为人们接触信息的最主要途径之一。

作为思想活跃、适应性强的大学生，更是如此。他们对于全媒体的依赖程度在社会其他群体的平均值之上，多位辅导员老师曾反映，当今大学生基本上处于"离不开手机"的状态，"宁愿不带身份证、校园一卡通也不能忘带手机"。因此，通过学生获取信息的渠道来输送信息、开展教育，将成为新形势下大学生思政教育工作的重要方式。北京高校在"中国梦"主题教育活动中，根据当代大学生获取信息的特点，大胆使用了全媒体，充分发挥了新兴媒体的优势。

在本案例中，对全媒体利用最为充分的是北京科技大学，通过"M-北科大青年"手机报、"中国梦"特刊引导大学新生通过手机报、微博、微信等渠道进行关注和讨论。不仅如此，"全媒体"直接作为"宣讲三宝"之一，在学校关注的人人网、微信朋友圈、新浪微博和校园手机报上建立"梦想频道"和"晒梦空间"，引领大学生积极树立梦想。

除北京科技大学外，不少高校都在"中国梦"主题教育活动过程中使用了全媒体。从当前情况来看，对全媒体的挖掘尚有较大空间。如微信平台上的订阅号、公众号，技术手段如微信 H5 页面、微视频等，都可以作为引导教育的途径之一。采用耳目一新的途径和方法，或许更能够被大学生所接受。

（2）采用多种媒体形式打组合拳

采用多种媒体形式打组合拳是当前大学生思政教育工作的有效手段。从案例中可见，除全媒体外，大部分高校都采用了多种媒体形式开展主题教育活动。综合高校采取的媒体形式主要包括：专题网站、DV 交流、微电影、手机报、微博微信、社交网络、情景剧七种形式，使得线上、线下的活动丰富多彩。

多种媒体形式应用于"中国梦"主题教育活动凸显了在新形势下对大学生开展理想信念教育的优势。首先，形式多样更能够最大限度地覆盖学生不同的兴趣点。当前大学生的性格多样多变、爱好广泛、兴趣不一。一些大学生习惯通过手机平台开展社交活动，也有一些大学生习惯参加微电影拍摄活动，通过情景剧等形式参加活动，采用多种媒体形式开展统一活动，增强了活动的吸引力。

其次，形式多样更符合当前大学生的口味。大学生更容易接受、更喜欢什么样的信息输送？当前不少辅导员老师反映，对于一些教育活动，大学生看重形式多于内容，如果提供的形式是多种多样的、有趣的，往往更能吸引他们参与。因此，对同一个教育活动的推送采取不同的形式，更能够吸引大学生的广泛参与。

最后，采用多种媒体形式，能够从不同层次、不同角度阐述"中国梦"的内涵和意义。不同的活动参与形式使得大学生加深了对"中国梦"的理解，从而达到润物无声的效果，更好地号召师生成为"中国梦"的逐梦人、实践者，帮助师生树立力争上游的理想信念和价值观念。

第三节　全媒体环境下高校思政教育的模式创新

一、全媒体时代高校思政教育的共享社区模式

全媒体时代，高校的思政教育需要建立起共享社区模式，以学生为主要受众，着眼于高校实际，利用其知识共享、生活共享、资源共享的特点，积极开设有吸引力和针对性的教育课程，实现教育联动，思政教育工作者要相互联系，掌握社会发展方向，共同制定教育教学方案。同时，将教学内容融入其中，利用共享社区就大学生感兴趣的问题展开交流，进而增强高校思政教育的感染力和吸引力。无论是本校内部还是其他合作院校，均可以通过网络实现信息共享，这样不仅可以完善自身的方案，还能找出自身教育教学中的不足。共享模式不仅存在于教育者之间，教师与学生之间也需要共享信息、交流互动。思政教育工作者应更多地了解当代大学生的主流思想，构建知识性、趣味性和思想性共存的社区校园，为学生提供丰富多彩的思政教育资源，从而制定更具针对性的教育方案。

综上所述，高校思政理论课教育应针对全媒体时代思政教育遇到的新情况，不断推进思政教育改革，适应全媒体环境，以更好地转变教育观念和优化内容结构，从而提高高校思政理论课教学的实效性。

下面，我们将针对全媒体时代高校思政教育的共享社区模式进行具体阐述。

（一）主要特点

基于以上对高校思政教育共享社区模式提出的描述，有关学者认为该模式具有以下四个特点。

1. 知识共享

这里所说的知识，既包括自然科学知识，也包括社会科学知识。作为思政教育共享社区，它所要共享的知识更多的应当是思想道德方面的知识，如大学生所必须遵从的基本的道德规范、政治制度等。此外，还应包括对于思想道德修养以及个人品质自我提升的方法的传授。也就是说，在思政教育过程中，每个主体都同时会成为教育者，告诉他人自己是通过何种途径、方式和方法取得某种良好品质的。这种共享不仅会直接地指导他人，而且会产生重要的示范和激励作用。

2. 生活共享

这里所说的生活，应当包括生活经历、生活体验与人生体验等方面。现代生活节奏加快，竞争激烈，人的心灵和意义生活相对贫乏，人们有着分享体验、经历、情感的强烈愿望。共享社区为当代大学生提供了一种描述体验和分享体验的场所，他们可以在这里相互倾诉、交流，在彼此体验和情感的共享中感受人生、体味心灵的美。共享中描述的体验是和鲜活的实际生活体验紧密联系的。因此，共享社区必须关注那些不在场的因素，让它们同样发挥对受教育者自身、对他人的教育作用。

3. 资源共享

在高校思政教育长期的实践中，教育资源的利用实际上存在着三种状况："先有再用""先用再有"和"只有不用"。在全媒体时代，社会信息传递正由历时传递转向共时传递，思政教育工作者已经失去了获得信息资源的优先权与垄断权，资源的开放性、交互性已成为时代的一个显著特征。共享社区改变了思政教育资源管理的封闭局面，通过全媒体载体的多样化、利用主体的范围拓展，充分实现了思政教育资源的应有价值。在共享社区里，书本、报纸杂志、师生课堂讲述与对话、日常交往行为过程、网上教育资源、教师与学生的博客等，都成为开放性的资源，以供受教育者利用或借鉴。共享资源的开发利用使得有利于高校思政教育目的和目标实现的各种要素，都被视为思政教育资源的重要组成部分。

4. 过程共享

在思政教育问题上，每个人都是主体，每个人都有关于思政教育的体验、情感、认知、行为等，只要这些体验、情感、认知、行为能够达到内容上相契合、心理上相悦纳的程度，思政教育就可以真正成为共享的过程，这种共享也会极大地促进思政教育的效果和效益的提升。

思政教育的正面体验和个人幸福是一致的，促进人的全面发展和个人幸福的获得是思政教育的根本目标和价值体现，同时，个人幸福的获得亦是思政教育效率提高的动力和有效手段。共享社区提供了这样一种情景：大学生在相互倾诉、交流的同时，更多的是在这个过程中去感受其中的幸福，体验其中的快乐，一起共享生活与人性中的美好，从不同的角度欣赏每一种存在方式的美丽。正是这种积极、正面的共享式的过程体验有效地增强了大学生的自信心，使他们的道德情感在愉快的共享情景中得到升华，从而使得高校思政教育的效率也得到了提高。

（二）组织结构

1. 核心领导层

核心领导层是指整个社区中定义前沿问题的人或者组织，是管理层思想领袖，可以是具有丰富经验、德高望重的思政教育专家或者专家团，他们将引导整个社区的发展方向。

2. 管理执行层

管理执行层负责整个社区的日常运作，可以分为信息协调员和全媒体支持服务人员，以辅导员、思政理论课教师、学生干部、毕业生党员为骨干，负责整合、编辑面向学生的相关信息。协调员一般由组织中受人尊重的成员担任，他们的任务是将先进的思想或者核心专家的意见进行分解、吸收，与外部专家以及各级领导协调工作等，并且对于整个社区中每天挖掘或者产生的新知识进行归并、整理。全媒体支持服务人员则负责系统的维护和更新等。

3. 学习共同体

学习共同体由很多独立的学习小组所组成，可以以班级为单位，也可以以大学生社团为单位，每个社团都是由一些有共同兴趣或具备相同专业背景的成员组成的，他们在基于全媒体的环境中进行自由的讨论，讨论的话题一般可以是社会热点问题，也可以是自己关心的各种话题。每个社团内部都要选举出 2~3 名管理员，以学生干部、毕业生党员为骨干，负责整合、编辑面向学生的相关信息；他们是具有极强的意志控制力和逻辑思维能力且具有一定说服能力的人，同时也是受大家尊敬的人；他们的任务是协助社区管理层的日常工作，审核其他成员的发言，引导学习共同体讨论的方向，以及整理这个共同体小组中各成员的成果等。原则上每个共同体之间没有固定的界限，成员可以自由进出其他的共同体；集聚各种优势资源，共享共建各种资源，形成一个兼容各层级的学习共同体。

（三）运行路径

1. 聚合优质资源，加速共享资源集成化

在共享社区里，思政教育资源共享主要体现在以下几个方面：首先是共享优质课程资源。全媒体为思政教育课程资源的集聚提供了物质条件。思政教育资源首先有一个集中的过程，包括教材、教案、课件、案例等教学资源的集中和分布式网络所提供的各式各样的学习资源的汇聚。共享社区中的信息协调员，通过各种方法，将这些资源进行集聚再到集成，通过整合，形成优质资源。其次，共享学习经历资源。这个共享社区是以学习共同体为主的，合作与协作都能做到优势互补。再次，共享学习体验资源。在这个共享社区中，所有人都成为学习者和教育者，知识是在活动和互动中获得的，思政教育更体现了过程性。这种基于媒体化层面的资源集成更加具有人性化，更重要的是能满足每个学习共同体成员的个性学习需要，使每个人都能在这样共享的环境中渐渐养成高尚的思想道德情操，逐步形成崇高的政治思想素养。

2. 构建全媒体多元化平台

传统高校思政教育载体的形态可以划分为课程载体、活动载体、管理载体、大众传媒载体、谈话及心理咨询载体等。在思政教育共享社区里，除了应将这些载体进行科学整合，使它们形成合力之外，还要进一步拓展新的思路。为此，需要积极探索思政教育新阵地，以全媒体为技术基础，构建多元化平台，畅通信息传送渠道，促成思政教育常规化。如通过搭建微博平台，促进社区组织各成员之间通过电脑或手机进行

多层次、平等性的交流，及时把握学生动态，广泛开展网络舆情收集。再如通过"心灵驿站"等讨论版块搭建教师与学生心灵沟通的桥梁。在复杂的多元化背景下的个性张扬的大学生，遇到郁闷、烦躁、人际交往方面的困惑时，他们大多不太愿直接面对面地和老师交流，类似这种情况，可以通过在线心理咨询，积极引导大学生树立正确的健康的生活观，帮助他们排解心中的郁闷。时尚新潮的群共享或者讨论组则给学习共同体成员提供了一个大众交流的即时空间，成为他们学习、生活依赖的场所。成员和管理者的共同参与为及时了解和解决学生学习、生活中的实际问题创造了条件，真正在虚拟的网络世界里架起了一道真实的师生心理沟通的桥梁。这种扁平化的方式使高校思政教育工作的共享资源能够发挥更大的效益。

（四）运行机制

"机制"又称机理，原指机器的构造、各零部件的功能特性以及运转过程中基于一定机械原理的工作方式。后来，生物学和医学沿此类比，用于生理机制、病理机制等概念，来表征生命有机体内部生理或病理变化过程中各器官的功能特性以及相互关联、作用和调节方式。"机制"一词，现已广泛应用于自然科学和社会科学的各学科研究之中。在自然科学领域，一般用"机制"表示研究对象各组成部分的有机关联性和运转原理。在社会科学领域，既可以用"机制"表示社会组织的内部构成、运动过程和运转原理，又可以用"机制"表示社会政治、经济、文化等活动中的各组成要素的相互联系以及由此规定的作用原理和工作方式。高校思政教育共享社区的运行机制是由领导机制、教育机制、预警机制、调控机制、保障机制、激励机制、约束机制等组成的，当前要着力抓好以下四个机制建设。

1. 领导机制

领导机制是高校思政教育共享社区模式运行机制的关键性环节。中共中央对高校学生思政教育工作的领导机制提出了明确要求，要求高校党委加强对高校学生思政教育工作的领导，校长对学生的德智体全面发展负责，建立和完善以校长及行政系统为主实施的思政教育管理机制。而在实际工作中，真正建立起这种健全的领导管理机制的高校并不多，一般只有党委管理学生思政教育工作并组织实施。这种机制使思政教育工作与其他工作形成两条平行线，相互独立，难以渗透、融合，难以做到把思政教育贯穿在教育的全过程，落实在教学、管理、后勤服务的各个环节。全媒体时代，要想充分发挥思政共享社区模式的整体效能，就必须创新高校思政教育领导机制，真正形成党、政、工、团、学分工负责、齐抓共管的思政教育工作格局。

2. 预警机制

预警机制是高校思政教育共享社区模式运行机制的保证。所谓全媒体时代高校思政教育预警机制，就是通过多种渠道，准确了解共享社区内的不同时期、不同专业、不同年级学生群体的思想动态和经济状况，分类储存不同信息，建立思政教育预警信息数据库，及时发布各类预警信息，增强高校思政教育的前瞻性和针对性。一方面，通过 BBS 论坛、网上调查咨询热线、消费信息等形式，了解学生生活、学习、就业等方面的实际状况，了解他们对社会热点、重大国际国内新闻事件的评价等方面的思想信息，提高教育的针对性；另一方面，通过浏览其他网站 BBS 等形式，及时了解校外学生的思想动态，为本校的思政教育提供有益参考。这样，思政教育预警机制通过对校内外各种信息的收集、整理和分析，全面了解大学生的思想倾向和实际困难，及时掌控网上存在的有益的信息、片面的思想观点和有害的社会认识以及它们可能对主流价值体系的促进或冲击，为共享社区的教育管理部门及早提供应对策略，使不正确的认识和思想及时得到解决，引导高校思政教育共享社区模式健康发展。

3. 调控机制

调控机制是高校思政教育共享社区模式运行机制的重要手段。所谓调控机制，是指思政教育的调控作为一种有目的的教育实践活动，教育者采用符合教育要求的调整方法，改善受教育者的思想状况和教育环境，使其符合某种要求。全媒体时代，网络信息庞杂多样、良莠不分，因此，高校思政教育应建立他律和自律相结合的监控管理机制。他律就是要建立和完善有关规章制度，规范网络动作，加强对局域网、校园网的管理，充分利用现有的监控管理技术，建立信息进出校园网的"海关"，筑起信息防火墙，净化网络空间。自律主要是提高学生自觉、自愿的网络道德意识，注重大学生的自我管理，注重网络法制意识和责任意识的培养，提高自我服务意识，规范网络行为，培养网络道德自律能力。在具体实施中，应坚持技术监控和人员监控并重的方针，从两个方面入手：一方面是制定监控内容的标准，明确监控的对象或范围，这是实施监控的前提条件；另一方面是实行技术监控与人员监控相结合的政策，大力开发适应高校网络思政教育需要的监控软件，培养网络思政教育的专职监控员。与此同时，还要根据实际情况，适时地对高校思政教育计划和方案进行调节、修正、补充与完善，通过优化调控，使思政教育的计划更加完善，内容更具前瞻性，重点更加突出，措施更加得力，方式更加科学，效果更加明显。

4. 保障机制

保障机制是高校思政教育共享社区模式运行机制的基础。所谓保障机制，是指对思政教育起保障作用的诸要素相互作用、相互影响、相互制约的关联方式。它是一个复杂的系统，能够使思政教育工作正常、有序地进行，使思政教育的各种计划得到落实。从构建高校思政教育共享社区的需要出发，当前应加强四个保障，即内容保障、技术保障、物质保障、环境保障。

（五）评估机制

1. 评估内容

全媒体时代，高校思政教育共享社区的评估内容主要包括以下三个方面。

（1）对受教育者的评估

对受教育者的评估是整个评估系统的中心环节和基础，也是高校思政教育共享社区评估的起点。受教育者是思政教育的接受主体，只有对接受主体的思想品德和行为做出认真的调查研究和切实的评估，才能制订出正确的教育计划并付诸实施。

（2）对思政教育共享社区运行效果的评估

思政教育共享社区模式是否有效？这是高校思政教育共享社区评估的最主要的内容。对思政教育共享社区运行效果的评估主要体现在教育目标的实现程度上。虽然思政教育共享社区功能目标的实现要受到一系列其他因素的影响，但其实现情况主要反映在教育者、管理部门和社会的认可度上，具体体现在教育者的认可度、受教育者的认可度、教育主管部门的认可度和社会的认可度四个方面。

（3）对思政教育共享社区研究的评估

高校思政教育共享社区的发展离不开对共享社区思政教育工作自身的经验总结和理论研究。共享社区思政教育工作者应该把全媒体环境下的思政教育工作作为一门学科进行研究，甚至成立专门的机构，深入网站、网吧、大学生中，开展多角度、多层次的跟踪调查和理论研究，研究大学生在网络上的心理、行为等，促进和引导思政教育共享社区的健康发展。

2. 评估指标

根据高校思政教育在教育共享社区模式的基本构成，可将评估指标分为三级进行具体评估。

一级评估指标：高校思政教育共享社区评估指标体系，总分为100分。

二级评估指标可分为7个主项，具体如下。

①对共享社区管理部门的评估，总分为5分。

②对共享社区受教育者的评估，总分为15分。

③对共享社区教育者的评估，总分为15分。

④对共享社区教育内容的评估，总分为20分。

⑤对共享社区运行效果的评估，总分为20分。

⑥对共享社区运行过程的评估，总分为20分。

⑦对共享社区研究的评估，总分为5分。

三级评估指标可分为7个主项、20个子项，具体如下。

①对共享社区管理部门的评估：岗位制度（1.5分）；教育制度（1分）；工作制度（1分）；管理制度（1.5分）。

②对共享社区受教育者的评估：个体评估（8分）；群体评估（7分）。

③对共享社区教育者的评估：主体意识（3分）；主体素质（6分）；主体能力（6分）。

④对共享社区教育内容的评估：信息资源（8分）；信息内容（8分）；信息更新（4分）。

⑤对共享社区运行效果的评估：个体效果（10分）；群体效果（6分）；环境效果（4分）。

⑥对共享社区运行过程的评估：运行过程载体（8分）；运行过程方法（4分）；运行过程机制（8分）。

⑦对共享社区研究的评估：工作能力（2.5分）；研究能力（2.5分）。

3. 评估反馈

（1）增强评估信息的横向反馈

所谓评估信息的横向反馈，就是指高校思政教育共享社区评估过程各具体环节之间评估信息的相互交流和传递。增强思政教育评估信息的横向反馈，可从以下三个方面着手：第一，实事求是，确保评估信息来源渠道符合客观实际，从而保证评估信息反馈的真实性；第二，加强评估过程各具体环节之间的相互衔接，确保评估信息反馈渠道顺畅，从而保障评估信息反馈的及时性；第三，完善评估信息系统，搭建评估信息平台，从而确保评估信息反馈的全面性。总之，只有确保评估信息来源途径真实，评估信息反馈渠道畅通，评估信息系统完善，才能在思政教育共享社区评估过程各具体环节顺利衔接的基础上，增强评估信息的横向反馈，从而确保高校思政教育共享社区评估过程的顺利运行。

（2）加强评估信息的纵向反馈

所谓评估信息的纵向反馈，就是指高校思政教育共享社区评估系统中决策领导部门与指令执行部门间评估信息的相互交流和传递。加强评估信息的纵向反馈，促进评估系统内部决策领导部门与指令执行部门间评估信息的双向反馈，既是增强评估决策指令科学性和指导性的客观需要，也是保障高校思政教育共享社区评估过程有效运行的内在要求。

（3）注重评估内外信息的反馈

注重评估内外信息的反馈是高校思政教育共享社区评估取得实效的重要一环。这就要求在思政教育共享社区评估的过程中，不仅要重视评估系统内部信息的反馈，而且还要重视评估系统外部信息的反馈；只有既掌握评估系统的内部信息，又掌握评估系统的外部信息，才能全面把握思政教育共享社区评估过程的整体运行状态，并根据变化了的环境及时调整评估过程的目标体系，将最新的、最准确的评估信息反馈给评估实施环节，从而保证动态运行中的高校思政教育共享社区评估过程要素结构的协调性和整个系统的稳定性。

4. 评估修正

全媒体的特点决定了高校思政教育共享社区评估活动是动态的，思政教育评估信息流在系统中运动、传递，再回到思政教育评估活动本身，这时候以评估反馈结果对照原来的评估所预定的目标便可能显示出不同的结论：一是评估结果反馈信息与原有目标一致；二是评估结果反馈信息与原有目标发生了偏差，而这种偏差可能超越了原有指标，也可能未达到原有指标。在这个反馈控制系统中，无论出现哪一种信息，相关工作人员都应该迅速而准确地将其反馈给评估对象，同时将评估结果抄送相关部门以供参考。这里需要着重指出的是，对那些超越了原有指标或者未达到原有指标的评估反馈，在客观分析的基础上，应当实事求是地加以纠正，最大限度地消除消极影响，然后在实践的基础上进一步完善思政教育共享社区评估机制，建立更加适合实际需要的高校思政教育共享社区评估机制。

二、全媒体环境下高校思政教育模式创新的建议

（一）开展网络全方位渗透式教育

全媒体具较强的价值渗透功能，这为高校思政教育由"直接灌输式"教育向"间接渗透式"教育转换提供了有力的技术保障。在全媒体环境下开展渗透式教育既符合现代社会教育尊重多样化的包容性特征，又考虑到了受教育者在强制教育下可能产生的逆反心理，给予其一定的选择空间。思政教育工作者可以通过各种各样的全媒体形式向学生进行健康的思想道德观、主流价值观的渗透，在潜移默化中以大学生喜闻乐见的形式对大学生进行思政教育，通过学生喜欢关注的形式传播正能量，充分利用网络平台实现对学生的教育和感染。如微博热门话题"关于钓鱼岛问题中国一点都不能少"引起了广大大学生的共鸣，转发次数达几百万人次。又如朋友圈中竞相转载一位哈佛才女关于中国维和部队的演讲。还有电视剧《人民的名义》中讲了关于党和政府的反腐倡廉工作，其中一心为民的现代"海瑞"——达康书记成了大学生最喜爱的"网红"。在全媒体环境下，应当通过大学生乐于接受的方式进行潜移默化式思政教育，宣传积极正能量的热门时事、网络红人，让大学生寓学于乐，在不知不觉中树立积极向上的思想道德观念。在全媒体环境下，开展全面的渗透式教育可以通过创新实践活动、打造校园文化、树立榜样示范的方式进行。

1. 创新实践活动的形式和内容

学校要联合社会资源积极开展社会实践活动，让学生走出象牙塔，深入基层，针

对当前社会的热门话题、重点难题积极开展社会调查，参加志愿者活动，努力在切身的实践活动中获得感悟。学校在实践活动中也要积极发挥全媒体的作用，如高校可以在校园网、微信公众号、微博、校园论坛设立版块专门用来宣传实践活动，发布实践活动的消息，让学生发表各种体验心得等。这不但有利于大学生积累社会经验，还增强了大学生的实践能力，有利于加深他们对现在社会问题的理解，增强其社会责任感和主人翁意识。

2. 打造以学生为主体的校园网络文化

学校还可以利用全媒体开展以学生为主、贴近实际、积极健康的校园文化活动，增强大学生的文化辨识能力，创新高校思政教育方式。一方面，我们要以大学生为出发点，将校刊校报、校园电台、校园广播等传统的校园媒体和校园全媒体相结合，提升校园文化的感染力和宣传力度，宣传积极的文化思想潮流，抢占高校舆论阵地，发挥正确的舆论导向，引导学生接受积极的文化思潮。另一方面，要积极创新校园文化活动的形式，利用全媒体开辟校园文化活动的新途径，让所有大学生都可以成为这类活动的主角，如利用微信二维码就可以参加活动，既为大学生参加活动提供了便利，又可以更大范围地让学生参与到校园文化活动中来，增强思政教育的感召力。

3. 利用榜样示范法，影响大学生的思想道德观念

榜样示范法的理念就是指在德育教育过程中，以英雄人物的事迹表现出的高尚道德、模范行为来影响学生，以改变学生脑海中存在的错误思想、错误认识和错误观点。榜样示范法的教育方式，一般是大力号召大家学习一些先进人物的典型事例，并配有具体的容易被公众接受的各种典型事例进行宣传，把传统枯燥的、单调的理论讲授与灌输通过一个具体生动的活生生的人物形象进行宣传，这种教育方式更容易在情感上引起大学生的共鸣，使其在潜移默化中提高了思想觉悟，在不知不觉中接受这些英雄人物的行为举止和世界观，达到提高个人修养之目的。这种以具体事例进行的宣传和教育对大学生来说更具有感染力和说服力，从教育的效果来说应该是最好的，但是，这些内容和素材的选择是非常重要的，如果选择的不好也可能会产生负面作用，这也是高校的思政教育工作者值得注意的关键问题。

如在微博的讨论平台的建设中，可以利用名人的推动效应增进学生的参与度。在微博这个虚拟环境中，对具有一定知名度的人可以采用实名制的方式进行身份认证。由于

这些公众人物的言论对大学生极具影响力，不可忽视其示范作用，事实上，榜样对青年人的成长具有非常重要的引领作用。所以，高校的思政教育工作者应该充分认识到这一点，把一些社会名流、英雄人物的事迹纳入微博的范畴进行适度的宣传和思政教育。

（二）开拓双向即时的交流空间

在全媒体环境下，我们要充分利用全媒体技术创新思政教育主客体之间的交流方式，创造双向交流式的教育方式，加强师生间的互动沟通。传播学者李茂政说过："传播除了要重视其回馈以外，尤其更要充分彰显其双向的本质。"所谓双向交流式的教育模式是指思政教育工作者根据社会发展的要求和学生自身发展的需要，针对性地进行思政教育，从而因地制宜地采取合适的教育方式提高学生学习的自主能动性、积极性和创造性，贴近实际、贴近生活、贴近学生，及时了解受教育者的思想动态、情感变化。思政教育工作者要和大学生建立亦师亦友的关系，建立平等互动的交流方式，从而可以切实有效地了解学生，努力提高思政教育的针对性、实效性以及吸引力。在双向交流的教育过程中，学生不再处于被动教育的客体地位，师生之间互为主体，平等互动，互相理解，加强了师生间的沟通，提高了思政教育的效果。

开拓双向即时的交流空间一方面要提升思政教育工作者的自身素质能力。思政教育工作的质量与教育者自身的能力和教学水平密切相关，教育者既是思政教育活动的主导者和直接参与者，又是整个教学过程的规划者和监督者。思政教育工作者只有在行动与思想上和大学生贴近，才能取得大学生的信任，才能更好地开展全媒体环境下的各项基本活动，提高教学效果。

基于此，必须要加强教育工作者的素质培养。为适应全媒体时代的要求，应提高教育者利用和管理网络的工作能力，积极培养教育者的网络技术能力，使他们熟练使用教育常用的信息技术工具和网络交流软件，从而熟练地运用网络技术开展思政教育教学工作。对此，教育工作者可以开通个人微博、微信，甚至可以申请个人公众号，在上面进行政治宣传，既可原创内容，也可以转载当下主流文章，学生看过后还可以留言评论交流，以达到紧密联系师生的目的。此外，教育工作者还应定期参加高校组织的教学培训活动，及时传播党中央的新指示。对此，教育工作者需要利用全媒体建立起与学生沟通的新渠道，了解学生的想法，将这些想法融入课堂当中，提高教学的针对性与互动性。

开拓双向即时的交流空间另一方面要鼓励大学生积极参与网络互动。大学生作为思政教育的受教对象，他们自身的媒介素养水平会直接影响到其认知水平和对媒体的运用能力，从而在一定程度上影响了全媒体在思政教育过程中所应发挥出的功效。要提高大学生自身的媒体素养，需要从以下三个方面展开工作。

第一，要将媒介素养教育直接引入大学的课堂。

第二，学校还可以开展一系列与全媒体相关的校园活动，如全媒体知识大赛等活动，这样可以直接增加大学生对全媒体的学习及提高大学生分辨信息的能力，同时也增强了他们所掌握的全媒体技术及媒介意识，这也是媒介素养教育的目标。

第三，学校也要建立一套完整的媒体教育评价机制，进行课程评价、运用媒体的能力的评价以及自我评价。

（三）完善校园全媒体的监管体系

1. 加强网络舆情的收集整理

高校要担负起监控校园舆情的重要任务，要做到能够在第一时间准确地把握学生的心理动态，防止群体性事件的发生，务必要将一些危机事件消灭在"摇篮"之中。应对与遏制不良信息的泛滥传播任重而道远，其途径具体来说有以下几个方面。

首先，高校要建立舆情危机事件应急处理小组。全媒体使人们可以在一个非常自由的环境下接收和传播信息，因此信息具有多元化特点，有用的和无用的、正确的和错误的、先进的和落后的各种信息充斥在大学生周围，大学生应对此有清醒的认识，如果处理得不好，就会使学生的是非观念模糊、社会责任感弱化，极易导致学校和社会的不稳定，从而增加各高校思政工作监管的复杂性和艰巨性。大学生心理发展还处在不够成熟的阶段，在各种信息的撼动下，心理素质显得不稳定，加之从众心理也比较普遍，而且他们也很难理性地去处理一些敏感话题或者热点问题，容易导致事态发展到不可控的地步。高校通过建立舆情危机事件处理小组，制定校园舆情预案，建立大学生心理档案等措施，在面临应急事件时，能够在第一时间启动应急处理方案，对事件相关大学生进行疏通和引导等方面的心理干预。在事情发生之后，高校要通过相应的思政教育网站、论坛、微博、微信公众号，发布权威和正确的信息，在还原事件真相的同时，能够让大学生了解事态变化，稳定大学生的情绪，稳定校园环境。同时也要借社交媒体了解大学生的思想发展状况，引导大学生积极正确地处理敏感事件，净化校园全媒体环境。

其次，高校要建立舆情监督机构。高校舆情监督机构要定期登录学校论坛，了解学生的思想动态，对于消极的言论找出其原因，并解决问题。同时对于利用全媒体所发布的信息，高校舆情监督机构应该进行细致严谨的审核，加强有效信息的过滤整合，在有限的范围内加强内容的实效性，提升每一条信息的质量和价值。

2. 强化校园网络道德宣传教育

习近平指出，坚持团结稳定鼓劲、正面宣传为主，是宣传思想工作必须遵循的重要方针。现在，很难通过技术手段抵制全媒体环境下的不良信息，并解决对大学生造成的负面影响。因此，需要加强对网络道德与文明的宣传，高校要积极宣传正确的思想道德观念，普及法律知识，让大学生可以做到明辨是非，自觉抵制不良信息。学校还可以通过开展校园文化活动、主题班会、专题讲座等活动，让大学生了解全媒体不良信息带来的严重危害，从而帮助大学生树立正确的人生观、价值观，动员大学生积极加入网络道德建设和宣传教育的队伍，有效净化全媒体环境。

另外，还要发挥学生干部和学生党员的领头作用。学生干部和学生党员在高校信息的传播、扩散过程中起着非常重要的作用，也是信息是否有效传播的重要一环。高校可以通过必要的行政手段，培养一支思想先进的学生干部及学生党员队伍，提高学生党员干部的思政素养，搭建学生党员干部的活动平台。通过在平台上发布主流意识形态的相关信息，与大学生进行沟通，发挥学生干部、学生党员的带头作用，把握话语权，从而加强思想道德的宣传教育。

3. 提高大学生的网络自律意识

教育部在《关于加强高等学校思想政治教育进网络工作的若干意见》中指出："进一步健全有关管理办法，加强对上网师生的自律教育。（各高校）要将管理和教育结合起来，自律和他律结合起来，通过各种形式，增强师生上网的法制意识、责任意识、政治意识、自律意识和安全意识，培养健全人格和高尚情操，树立良好的网络道德，自觉构筑抵制不良冲击的'防火墙'。"

培养高校大学生的自律意识，并不是拿一大堆规章制度来强制性地束缚住大学生的实践活动，而是用自律的行动创造一种井然的秩序来为大学生学习生活取得更大的自由。自律在高校思政教育过程中具有积极的意义。

　　高校大学生做到自律应该从以下几个方面入手。一是强化自我责任意识，让大学生明白"无规矩不成方圆"道理，增强大学生的责任意识、规矩意识，让大学生明白必须对言论肩负责任，增强大学生的责任感。二是通过实践教育，提高判断力，让大学生了解事件所表达出来的深层次真相，借以提高大学生的判断水平和明辨是非的能力。三是要积极提高大学生的道德水准。"流言止于智者"，只有自身形成抵抗负面信息的能力，才能在全媒体环境下保持理智，坚守正义。

参考文献

［1］黄丽娟著．新时代高校思政教育理论与实践创新发展研究［M］．长春：吉林大学出版社，2023.01.

［2］陈旭，刘宁宁，杨若琳著．高校思政教育工作理论创新研究［M］．北京：线装书局，2023.05.

［3］梁杰华著．高校心理健康教育"课程思政"建设研究［M］．长春：吉林大学出版社，2023.01.

［4］刘珺，彭艳娟，张立军著．社会主义核心价值观与高校思政教育工作理论创新研究［M］．北京：新华出版社，2022.07.

［5］蒋瑛主编；邓常春副主编．高校课程思政的思考与探索［M］．成都：四川大学出版社，2022.06.

［6］李盛基，曾水英作．新时代高校课程思政教育的影响因素及引导策略［M］．哈尔滨：哈尔滨工程大学出版社，2022.09.

［7］叶琦著．高校课程思政理论与实践探索［M］．哈尔滨：北方文艺出版社，2022.09.

［8］姚雪兰作．新时期普通高校思政理论课教学方法与实践研究［M］．延吉：延边大学出版社，2022.09.

［9］付超，庞晓东，梁晓倩著．课程思政教育理念引领下的高校体育教学改革与实践探索研究［M］．天津：天津社会科学院出版社，2022.05.

［10］吕云涛著．从理念到实践 当代高校课程思政路径探索［M］．长春：吉林大学出版社，2022.05.

［11］顾雁飞著．新时期高校思政协同育人机制探究［M］．长春：吉林大学出版社，2022.05.

［12］王斌伟著．高校思政工作"三项育人"协同机制构建研究［M］．广州：广东人

民出版社，2022.12.

[13] 朱琳著．新时期思政理论课教学改革探究 ［M］．长春：吉林大学出版社，2022.05.

[14] 刘仁三著．新时代高校思政育人理论研究与实践探索 ［M］．北京：中华工商联合出版社，2021.09.

[15] 李娟．全媒体环境下高校思政教育改革创新研究 ［M］．北京：北京工业大学出版社，2020.07.

[16] 彭宗祥．新时代高校工程德育理论与实践 ［M］．上海：上海财经大学出版社，2020.11.

[17] 王东，陈先．新时期高校思想政治教育理论与实践 ［M］．北京：九州出版社，2019.05.

[18] 顾永新，刘萍丽．高校思想政治理论课实践教学案例研究 ［M］．西安：西北工业大学出版社，2019.05.

[19] 史凤萍；边和平，刘薇．高校思想政治理论课教学课程论 ［M］．徐州：中国矿业大学出版社，2019.04.

[20] 陈胜国．新时代高校思想政治教育创新发展研究 ［M］．北京：印刷工业出版社，2019.01.

[21] 肖国香．新媒体时代高校思想政治教育十论 ［M］．长春：吉林文史出版社，2019.05.

[22] 李芳．高校思想政治理论课教学方法科学化研究 ［M］．北京：中央编译出版社，2019.03.

[23] 徐原，陆颖，韩晓欧．"互联网+"时代高校思想政治教育创新研究 ［M］．燕山大学出版社，2019.07.

[24] 代黎明．高校思想政治教育实效性研究 ［M］．北京：北京理工大学出版社，2018.07.

[25] 奚冬梅，胡飒．高校思想政治教育教学与实践研究 ［M］．北京：光明日报出版社，2018.01.

[26] 徐茂华．高校思想政治教育的时代主题 ［M］．长春：东北师范大学出版社，2018.02.

［27］岳云强．高校思想政治教育理论专题研究［M］．北京：九州出版社，2018.10.

［28］何孟飞．新时代高校思想政治理论教学研究［M］．厦门：厦门大学出版社，2018.12.

［29］魏榛．高校思想政治与心理教育研究［M］．世界图书出版西安有限公司，2017.06.

［30］胡飒，奚冬梅．高校思想政治教育教学与实践研究［M］．北京：光明日报出版社，2017.12.